ALFRED DUMESNIL

LIBRE

PARIS
ALPHONSE LEMERRE, ÉDITEUR
23-31, PASSAGE CHOISEUL
NEW-YORK, 13 WEST, 24th STREET

M DCCC XCV

LIBRE

DU MÊME AUTEUR

La Foi nouvelle, *cherchée dans l'art. De Rembrandt à Beethoven* (1850) . . . . 1 vol.

Bernard Palissy, *le potier de terre* (1851). . . . . . 1 vol.

L'Art italien (1854). . . . . 1 vol.

Le Livre de Consolation (1855). . . . . 1 vol.

L'Immortalité (1861). . . . . 1 vol.

Plantes sans terre *et culture avec terre par la Mousse fertilisante Dumesnil* (1881) . . . . 1 vol.

Plantes sans terre et avec terre (1882). . . . 1 vol.

Ventilation par la chaleur solaire (1884). . 1 vol.

Tous droits de reproduction et de traduction réservés pour tous les pays, y compris la Suède et la Norvège.

ALFRED DUMESNIL

LIBRE

PARIS
ALPHONSE LEMERRE, ÉDITEUR
23-31, PASSAGE CHOISEUL
NEW-YORK, 13 WEST, 24th STREET

M DCCC XCV

PRÉFACE

ON a fait les livres des impatiences, des révoltes, du désespoir. J'ai senti celui de l'apaisement. Non certes par résignation aux réalités de la vie présente, mais par une revendication énergique de ce qui les complète.

Après la révolution scientifique qui dans l'explication de la vie a substitué au miracle la loi d'évolution, où l'individu peut-il prendre son point d'appui ?

Est-il possible, dans les transformations incessantes qui sont les conditions de notre nature, d'entrevoir le durable ?

Est-il possible, sans recourir à aucune doctrine religieuse ou philosophique, de se procurer par la logique du sens intime la persistance du moi, c'est-à-dire de l'âme individuelle, progressive, mais identique ?

A ces questions, j'ai essayé de répondre.

Mais pour qu'une tentative aussi présomptueuse ait quelque utilité, il faut que celui qui l'entreprit disparaisse autant que possible, que son essai, s'il se publie, ne porte aucun nom*, qu'une forme impersonnelle protège et défende un cœur qui s'ouvre. Ne peut-on tout dire du moi sans se mettre en scène, afin d'étreindre d'un amour infini, en pleine effusion, mais dans le respect du mystère, tout ce qu'on aime ?

Alors ce qu'il y eut de vrai chez un individu s'accepte, se justifie et s'achève dans d'autres âmes fécondes ; une initiative obscure s'éclaire en heureuses conséquences.

* L'auteur supposait que ce livre paraîtrait de son vivant.

INTRODUCTION

CELUI *qui écrivit ces pages avait passé sa jeunesse dans l'intimité d'hommes illustres, et, près de ces vies lumineuses, il s'était employé obscurément dans leurs affaires et les soins de publication de leurs œuvres. Plus tard, pour continuer sans trouble ni distraction ces labeurs de révision et de correction d'épreuves, il s'était retiré dans une campagne normande. Il y cultivait un grand jardin et s'attachait à faire devenir les plantes aussi belles que possible. Ses recherches sur la culture sans terre ont fait quelque bruit.*

Personne n'aurait soupçonné que cet homme ab-

sorbé dans la gloire des autres, que ce jardinier fervent et pratique eût écrit pour lui-même.

A peine trouvera-t-on ici quelque allusion détournée aux incidents de sa vie traversée de peines et d'affaires. Mêlé par des offices de confiance aux secrets de vies marquantes, son expérience du monde s'était repliée sous une forme impersonnelle.

La trace est plus visible des événements de son temps qu'il avait toujours suivis avec une attention passionnée pour les luttes de la liberté. La pensée de ce livre, commencé dans la retraite et l'isolement, vers les dernières années de l'Empire, ne s'est dégagée que plus tard. Pour rendre claire l'intention qui relie ces fragments, il suffit de conserver l'ordre dans lequel ils furent écrits.

Le Refuge en soi, qui s'explique par les circonstances personnelles de l'auteur proscrit à l'intérieur, l'a conduit à la recherche d'un point d'appui intime qui, une fois trouvé, devait aboutir à la conscience de la Vie et aux expansions d'une âme libre.

I

Le Refuge en soi

Le Refuge en soi

J'AI retracé quelques pensées, quelques impressions de ce naïf, de cet inutile, de cet insoumis qui, aussi comprimé qu'il soit dans chacun de nous, proteste malgré tout, et n'accepte pas plus pour règle les errements d'une société qui le dédaigne qu'il ne s'en tient en politique aux expédients des gouvernants et aux ignorances des majorités qui décident pour lui. Il ne s'en tient pas davantage dans l'explication de la vie aux sciences positives, excellentes tant qu'une grande âme les soutient, mais fort impertinentes quand elles prétendent se passer des sentiments.

Justement parce qu'il sait que gît en lui l'initiative des élans vengeurs de la liberté humaine qui brisent tous les cadres où l'on veut le réduire, cet éternel insurgé ne fait ici ni récriminations, ni plainte, ni satire. Il a mieux à faire. Au milieu de l'écroulement des vanités qui l'entourent, il se cherche un refuge où il y ait encore paix et bonheur. C'est le propre des temps où la sécurité est inconnue dans les choses de la demander à l'âme !

Il paraîtra sans doute étrange que ces essais de réconfort ne s'appuient sur aucune doctrine religieuse ou philosophique reconnue. Telle est notre indigence qu'en dehors des routines traditionnelles et des étroitesses d'église ou d'école, on ne soupçonne guère les ressources de l'âme individuelle. Dans le sauve qui peut des institutions et des systèmes, l'homme ne trouve d'appui qu'en lui-même. Et alors, en même temps qu'il se retire des choses mortes, son cœur se relève et son intelligence se libère.

Mais à réfléchir sur son expérience, la pensée s'efface, la parole s'entrecoupe. Tout résolu qu'il soit, le cœur devant la réalité parfois se contracte et s'arrête. Au temps où nous vécûmes, la respiration fut courte, le cri de conscience un sanglot.

Quand autour de soi tout se transforme, se décompose et semble se dissoudre, quand la guerre toujours imminente menace de tout effondrer, ce qu'il y eut d'élan chez les individus se resserre et s'étrangle en quelques mots brefs, sans souci du développement. Les maximes sont le bagage des temps de désastres. Toute vieillie et démodée qu'elle soit, cette concentration de la pensée redevient de circonstance quand les loisirs que réclame un plus grand art font défaut.

Qu'importe ! si le cordial s'infuse dans le mot, si le mot garde une parcelle d'inextinguible pensée.

———

Le refuge en soi est l'asile de la liberté dans les temps d'oppression.

Le plus grand objectif de la vie, l'emploi le plus digne de l'homme est de concourir, obscur ouvrier, à l'édification d'une société. Nous sommes nés pour les autres, et dans les œuvres sociales l'individu s'élève à sa plus haute puissance, soit qu'il participe aux actes d'une vie solidaire, soit qu'il se donne aux œuvres de la pensée inspirée et soutenue des sentiments de tous.

Alors la vie est belle et féconde, et c'est pleinement vivre que de travailler pour les autres sans souci de soi-même.

Mais quand, par le malheur des temps ou des causes diverses, les énergies d'un peuple sont dévoyées ou garrottées par un despotisme quelconque, il est permis à l'individu de ne pas se sentir solidaire des fautes qui le stérilisent ou des attentats qui le jugulent. Il n'est justiciable que de sa conscience quand il hésite à donner à la société un concours qui profiterait à la tyrannie, et il s'honore quand, au mépris de sa faim ou dans l'angoisse d'un désir de sociabilité plus fort que tout besoin physique, il se refuse à suivre les voies prescrites pour le circonscrire, l'énerver ou l'annuler.

Tout pour la société quand la liberté enfle les voiles d'une nation et soulève les énergies individuelles, mais en face d'un peuple arrêté et faussé dans ses voies, tout pour la conscience solitaire. Il n'y a point égoïsme ni abandon de ses devoirs à s'ajourner, mais respect et dignité de soi-même.

L'homme et ses actions ne valent que par la dignité morale.

On dira : Qu'importe l'homme qui s'emploie pour la société! Souillé ou non, il disparaît dans la masse, et c'est un fol orgueil à l'individu de résister au courant et de se mettre en travers. Je réponds : Avec des souillures on n'aura jamais que des immondices, et la société vaut ce que valent les hommes qui la composent. L'individu vis-à-vis d'elle a une valeur de liberté propre et d'initiative. S'il n'est qu'un atome imperceptible comme unité intégrante de la société, seul, à défaut d'elle, il peut encore tout sauver en soi lorsqu'elle a tout compromis.

Que la majorité lui donne tort et le condamne, un homme a le devoir de ne se résigner jamais sur les droits qu'on lui enlève. C'est ainsi que dans les temps d'oppression le refuge en soi reste l'asile de la liberté, — liberté ajournée, mais constamment revendicatrice.

Que ces temps où notre âme est ainsi refoulée sur elle-même nous servent au moins à savoir ce que vaut l'individualité où nous sommes réduits !

Les hommes du moyen-âge cherchaient leur sûreté dans les citadelles de pierre. Palissy interrogeait la structure des animaux à carapace pour apprendre de l'intelligence divine le plan d'une cité de défense aux chrétiens de la Réforme; Luther bâtissait dans la Bible sa forteresse; les libres-penseurs du XVIIe siècle s'abritaient des digues de la Hollande pour publier leurs livres; nos pères de la Révolution au nom de la raison renversaient les bastilles et déclaraient les droits de l'homme; les socialistes fondent l'Internationale pour résister au capital et supprimer la misère.

Nul ne pense au refuge en soi de l'âme individuelle qui garde un asile quand les citadelles sont rasées, les cités prises, les bibles mortes, les digues ouvertes, quand les bastilles se relèvent, quand les droits sont confisqués et les associations interdites.

L'âme seule ne se dissout point et, tout infirme qu'elle soit, c'est encore l'inviolable rempart contre les oppressions, les tyrannies et les désastres. Elle n'est jamais tout à fait vaincue, lassée, atteinte. Quand on la croit endormie, elle se recueille; isolée, elle se retrempe; diminuée, elle se rassemble; désolée, elle s'inspire; écrasée, elle se redresse.

Amitié, amour, esprit de solidarité, inspiration de dévouement et de bonté, principe de toute œuvre fervente et généreuse, je vous sollicite, je vous invoque en parlant du Refuge en soi. Vous empêcherez qu'il y ait équivoque dans mes paroles, vous me préserverez de la sécheresse et du dogmatisme.

Le refuge en soi ne vaut que si l'individu s'y retrouve plus aimant, plus secourable, plus éloquent qu'au milieu de la foule. Et ce serait une inexcusable aberration de recommander l'isolement et l'abstention quand l'initiative seule manque pour nous reconnaître et nous réunir.

Si les libres activités sociales nous sont interdites, que nos paroles respirent les sentiments de fraternité qui ne peuvent se produire! Suspects et muets aujourd'hui, ils nous rallieront demain.

Il semblerait naturel, après des révolutions qui ont remué les problèmes humains dans leur profondeur, que les âmes aient grandi de ces événements extraordinaires. Mais la plupart, de peur, ferment les yeux, nient, reculent, s'abêtissent.

Il va de soi que cet arrêt de développement produise, selon les circonstances, débordement dans les mœurs ou férocité dans la guerre et dans la répression.

Le plus souvent dans de grossières ébauches quelques traits qui indiquent un caractère, voilà la nature humaine. Immensément d'avortons, peu de figures, c'est ce qu'en fait le monde.

Si je voulais un encouragement pour mes pensées, je m'adresserais aux plus grands; c'est avec eux qu'il fait le meilleur parler naturellement, sans apprêt, sans effort. Pas d'hésitation qu'ils ne suppléent, pas de hardiesse qu'ils ne soutiennent, pas de bonne intention qu'ils ne devinent.

Merveilleux attrait de bienveillance que la société d'une âme féconde!

Quelle instruction j'aurais à recueillir les paroles de vie qui naissent spontanément dans ce commerce intime, et pour sentir la bonne nature humaine, et pour voir s'éveiller en moi ce qui, latent, dort ou songe, et ne demande qu'à sortir du rêve, léger, clair, brillant! Étonné, souvent ravi, parfois en défaut ou bien en verve, je considère les différences, mais j'admire la profonde identité d'une âme avec une autre âme quand elles s'éclairent de la même lumière de vérité.

Alors je sens que l'intérêt que je prends à ce que j'entends — à ce qui tout à l'heure était si loin de moi et qu'une parole enchanteresse évoque et suscite à ma pensée — n'est pas en rapport avec la durée de ma vie, qui ne pourrait assez le comprendre, le développer et le mûrir.

Il est propre aux grands esprits de se plaire

avec qui est faible et d'apprendre leur force en la communiquant.

La plus belle œuvre, c'est l'évocation d'une âme.

Le tout-puissant évocateur, le maître efficace, l'infaillible éducateur, c'est la vie, qui tire des profondeurs de l'âme ce qu'elle ne savait pas contenir, qui découvre incessamment un moi immaculé qui n'a jamais parlé, senti, aimé, compris, agi; qui accroît, sans cesse renouvelle et confirme l'individu.

La vie a de ces surprises que parfois d'un mot, d'un regard, jaillit comme la divination du propre cœur éclairci.

En attendant, le travail est la meilleure hygiène morale et sociale. — C'est à la fois le régime le plus approprié à notre nature embryonnaire qu'il développe, la diversion la plus salutaire aux peines de l'âme, et de la part de l'individu l'acte de solidarité par excellence.

Comme le joueur de flûte pour l'orateur antique, le travail, quand il n'est pas excessif, modère les passions, tempère les infortunes, répare les fautes et, par conséquent, soutient et fortifie. Mais il a une vertu plus grande en ce qu'il donne droit aux bénéfices de la société, parce qu'il la sert et la reconstitue sans cesse.

L'âme ne se déploie jamais si libre et si heureuse que dans le repos qui suit le travail accompli.

Les conditions de la vie humaine nous traitent en écoliers. Il s'agit d'accepter cette école.

Heureux qui peut à son gré changer son travail. Plus heureux qui l'enchante!

Un mot sorti du cœur, répété dans un autre cœur, paie des jours bien ternes.

Si l'on n'avait le refuge en soi, l'âme dans ses meilleurs moments n'aurait pas de témoin.

Dans les fluctuations d'opinion de ceux qui nous sont chers, le refuge en soi fait trouver l'ami qui ne change point.

Le refuge en soi a encore cette ressource que dans la situation la plus étroite, avec l'ambition la plus haute, on équilibre sa tâche à son cœur.

Ignorer, n'avoir pas, présupposent qu'on aura une vie indéfinie pour connaître, pour posséder.

A méconnaître et mésuser, la vie se ferme.

Dans la jeunesse on ignore, dans l'âge mûr on méconnaît.

En tranchant, les jeunes gens croient se faire valoir. Leurs premiers pas dans la vie la stérilisent.

Hommes mûrs et rassis, parce que votre siège est fait, vous croyez avoir tout gagné.
Derrière les épaisses murailles de votre entendement, vous ne parlez que d'ordre, d'expérience acquise, de préceptes, de règles; et votre moi borné méconnaît ce vaste monde.

C'est l'erreur des hommes qui s'arrêtent de croire avoir réussi; ils se flattent de conclure.

Dans l'art, trouver son style en évitant la manière, c'est sentir l'idéal et ne s'arrêter jamais.

Quand près d'un homme, eût-il la plus haute renommée, les idées vous manquent, quand votre parole s'embarrasse, quand vous étouffez dans l'air qu'il a raréfié, concluez à l'étroitesse, à l'égoïsme de cet homme, à son arrêt de développement.

Le mépris, le dédain flétrissent l'âme. L'admiration, l'enthousiasme la font croître et l'embellissent.

Le mal qu'on dit des autres, même mérité, laisse toujours triste comme si on renforçait le mal.

Louer sincèrement, admirer, c'est donner à un autre du meilleur de soi-même, et rien n'est plus doux après l'amour.

Les sots craignent d'admirer; ils ont peur d'être dupes.

L'envieux est un impie contre lui-même.

On ne jouit bien que de la gloire des autres.

La vertu est supérieure en ce qu'elle se passe de renommée.

Nous sommes tellement imbus de la religion du miracle que les dons les plus excellents ne sont d'aucune estime s'ils ne servent à des effets de théâtre.

Se faire à tout prix un nom retentissant, cultiver savamment sa renommée, occuper avec art les contemporains de sa personne ou de son œuvre, se dérober à propos pour les mieux étonner, ou se grandir par un coup d'éclat de livre ou de discours, ne rechercher que les premières places, ne voir que la supériorité de son intelligence et la dignité du personnage qu'on représente, c'est se donner trop de peine pour une mise en scène éphémère, c'est avoir trop d'habileté et pas assez de flair, c'est pour le succès manquer la vie.

Les vaniteux, un rien les chavire.

Il a une plus ferme base, celui qui se sent une

âme infinie et qui s'accommode à toute mesure sans se diminuer ni se surfaire, celui qui nourrit une ambition si grande que les petites ne peuvent l'atteindre, et qui, fondé en son for intérieur, ne se croit abaissé par aucune vileté de fortune ou de situation.

La meilleure vérité de la nature humaine ne se trouve d'ordinaire que sous des dehors modestes, en des recoins d'obscurité voulue, qui échappent aux regards. Ce qui la distingue, c'est la justesse dans la pratique de la vie; ce qui l'affirme, c'est la sécurité dans le commerce intime. Un homme de ce caractère n'abuse point, pas plus qu'il ne faiblit dans la lutte des idées. Cette harmonie morale appartient à qui se sent supérieur à sa fortune, à sa science, à son intelligence même. Qu'une occasion vienne, qu'une passion embrase une telle âme, toute beauté, toute grandeur, toute bonté se montrent dans cet homme si simple qu'il semblait terre à terre.

La vie est l'école des caractères. Pour un brave homme qui s'améliore, combien de faibles périssent, d'égoïstes se dessèchent, de vaniteux s'exagèrent!

Les vanités sont les masques du caractère. Qui s'en pare pour faire plus belle figure perd sa physionomie propre.

Pourquoi ce monde est-il stérile ? Les vanités sont l'anti-nature.

Heureux les hommes de génie qui meurent avant d'être reconnus tels! Il leur eût été plus difficile d'éviter les pièges du succès que d'accomplir leurs œuvres.

Les plus pures gloires sont posthumes. Il n'est pas rare qu'en survivant à sa célébrité, un homme fêle sa gloire.

Rien n'est désolant comme la folie de l'orgueil, et c'est la plus commune dans des temps sans grandeur.

Doctrinaires, pédants, gérontes se disputent la scène et se jouent la comédie du moi, sans même écouter la réplique.

Le perpétuel moi occupe les âmes fermées.

Demander au vieillard qu'il revienne des erreurs de son orgueil, c'est vouloir que chez lui le caractère figé reprenne la souplesse de la jeunesse liante et que le cœur ossifié puisse se dilater à nouveau.

Infatués d'eux-mêmes, les maîtres illustres ne connaissent point ce qu'il y a de plus exquis dans la gloire : la vivacité pénétrante et la pureté des sentiments d'admiration que leur vouent les jeunes gens. D'ordinaire blasés sur l'éloge, ils confondent avec l'encens banal d'un public vulgaire l'honneur qui leur est prodigué dans une âme pieuse et sincère.

N'importe, celui qui admire n'a pas tort. L'enthousiasme le mène à ce qui est vraiment beau et sublime, lorsque, dans l'œuvre où s'est arrêté l'artiste, il sonde et découvre l'excellence de l'homme qui s'ignore ou se méconnaît.

Le refuge en soi prévient l'orgueil en représentant ce qu'on reçut d'encouragement à la vie, d'aide à la pensée, de joies du cœur. Qui ne se trouve en dette ?

Les plus cruelles pertes ne sont point causées par la mort, mais par les malentendus qui nous séparent les uns des autres.

Excès de faveur suivi d'injustice ne fait pas compensation équitable.

Qui a grandi par honneur ne descend point par défaveur.

Nous nous aimions et nous sommes séparés; nous étions liés et nous sommes désunis. Quoi de plus vain et de plus triste!

Pourquoi vouloir renouer les liens lâchés d'une amitié perdue? Pour la regagner il est plus digne de compter sur ce qui fut vivant dans le cœur et ne peut mourir tout à fait.

Plus on est patient et longanime, mieux on

sent que rien n'est irréparable. Et puis il faut se dire que jamais on ne sait la vérité des personnes et des choses.

Pour retrouver ceux qu'on a aimés il faut se fier à la logique sûre et mystérieuse d'une vie indéfinie, et ne rien attendre en celle-ci des explications après coup qu'on admettrait de part et d'autre sans y aller de bon cœur.

L'indifférence serait un mal plus grand que l'affection perdue qui ne pourrait plus revenir.

Le calomniateur est un assassin d'âme.

Se taire est le plus souvent la seule réponse à faire à ceux qui vous outragent, leur refuser ce qu'ils désirent davantage : vous troubler et vous compromettre par votre propre apologie.

Il n'y a jamais de transactions à faire avec de tels ennemis. Car les conditions d'accommodement qu'ils proposent sont des pièges ou des insultes.

La dureté des hommes n'est jamais aussi grande que lorsqu'ils se croient infaillibles.

Il y a quelque chose de plus insupportable que la dureté, c'est l'imagination dans la défiance.

Celui qui admire les hommes dans son âge mûr est digne d'admiration lui-même.

Ne vous plaignez point d'être méconnu. C'est occasion de s'affirmer et non d'être accablé.

Désespérer, c'est se tromper soi-même et trop réjouir qui veut vous perdre.

Qu'une âme basse veuille humilier un homme de cœur : elle le rehausse, et souvent fait qu'il s'illustre.

O perfidie, le résultat final de tes machinations nous a vengés!

Faire une juste part aux essais qui manquent, aux entreprises qui avortent, aux affections qui se voilent, aux intelligences qui s'arrêtent, aux cœurs qui se ferment, c'est se confier à ce qui persiste dans l'homme malgré les lacunes et les déviations de la vie.

Les déviations et les monstruosités, si énormes qu'elles paraissent, ne sont que temporaires arrêts de développement, conséquences logiques des évolutions anormales de l'individu. Un rien peut les produire, un rien eût pu les prévenir. Et lors même que tout n'y pourrait plus, il reste le grand redresseur, la Mort.

Ce qui devrait faire présumer de la durée indéfinie de la vie, et par là même rassurer sur son développement harmonique, en a fait jusqu'ici l'horreur.

Avortements, déviations, les idiots, les fous, les égoïstes, les pervers, s'agitent dans cette vie comme dans un cauchemar, en une nuit plus ou moins funeste, malheureuse, et dont ils se réveillent ailleurs.

Après le malheur on peut se sentir plus fort; mais l'appréhension fut plus douloureuse que l'épreuve.

Appréhension féconde qui remuant l'âme jusqu'en ses profondeurs lui fait connaître les ressources dont elle disposait!

Dans les déchirements d'une séparation qui brise notre vie, chercherions-nous la consolation de nous retrouver un jour si nous étions moins émus? C'est dans notre insatiable besoin d'aimer, incessamment trompé, que nous puisons la certitude d'aimer toujours.

Lorsque la douleur même nous amène à espérer, comment nous convaincraient ceux qui nient le fond de notre espérance?

Qu'ils n'imaginent point nous réduire à leur évidence! Que répondrait-elle à notre âme désolée?

Ils disent : Que sont vos sentiments devant la réalité démontrée par la science ? Eh bien ! cette science est illusoire qui n'explique ni ne satisfait l'homme tout entier.

Dans une civilisation plus avancée, la société elle-même apportera secours et réconfort à l'individu qui se débat aujourd'hui dans son isolement. C'est surtout aux moments où il subit le contre-coup des forces inéluctables que l'individu aurait besoin d'être relevé par des harmonies sociales, sympathiques à sa souffrance. Mais à part les effluves de bon espoir qu'apportent les œuvres des maîtres, ces secours nous manquent. Une morne indifférence règne dans nos rapports sociaux.

Refoulés sur nous-mêmes, nous cherchons péniblement dans notre for intérieur à nous expliquer les pertes, les désastres, les attentats à la justice qui nous déconcertent.

La justice est une vie supérieure. Voilà pourquoi nous trouvons si injuste la vie de ce monde.

La sévérité est le propre des âmes étroites. Elle n'impose qu'aux timides.

Dans les institutions sociales, c'est un mauvais reste caduc des âges barbares.

A voir la sollicitude de la société pour l'infirme, le blessé, le fou, le malade, on dirait une mère compatissante, tendre et juste. — Mais qu'elle se croie menacée, elle juge, elle sévit, impitoyable, elle incarcère, elle garrotte, elle tue par le supplice et l'infamie. Quoi de plus révoltant qu'une collectivité se vengeant d'un individu !

Ces contradictions des sévices de temps barbares avec le moderne respect de l'homme se retrouvent dans la pénalité et dans l'éducation. S'agit-il d'améliorer les hommes, ou de les réduire? Est-ce pour les faire libres ou pour défendre la société contre le danger d'avoir des hommes libres?

Quand l'éducation s'impose comme la première nécessité sociale, le vieux monde s'en empare pour fausser la nature des hommes.

La magnanimité est une raison supérieure.

La répression qui frappe l'acte sans s'inquiéter des causes attente à la justice.

L'infamie n'a de sens en morale que si elle peut se racheter. Injuste et aveugle est la répression qui accable un homme dans l'ignominie. La société se débarrasse. Elle revendiquerait son droit par la réhabilitation.

Les vices, les crimes des individus sont des activités soustraites à la société. Quand elle réprime, c'est à la condition d'en faire des forces utiles. Elle en doit compte et n'a pas le droit de les supprimer.

Les laideurs de la civilisation sont ses lacunes.

On a raison de se défier des faiblesses humaines. Mais jamais on n'est assez confiant pour qui se relève.

Il n'y a pas de jugement dernier, mais un jugement qui se prononce à tout moment de la vie.

La doctrine des peines éternelles a fait exagérer même dans les romans et au théâtre l'expiation des fautes qui, comme la vie, sont passagères.

Il y a autant de bravoure à s'en dégager vivement par une peine volontairement acceptée, si dure soit-elle, que de pusillanimité à se soustraire au châtiment par mauvaise honte et à traîner un repentir durable.

Les longs repentirs dépriment.

L'homme n'est pas né pour pleurer ses fautes mais pour les réparer.

La législation pénale pourra être appelée humaine quand elle tendra, non à punir par la souffrance ou l'infamie, mais à solliciter un coupable aux actes qui en feraient un nouvel homme.

Que, pour effacer vertige, aberration, fureur, elle convie à l'ivresse du sacrifice, à la folie du dévouement, à la furie de la gloire; que les criminels soient traités par elle comme le bataillon sacré des hommes qui ont à faire l'impossible, et qu'ils soient respectés comme l'avant-garde des combattants pour l'honneur!

Ce monde est à l'envers. Ce n'est pas le bien qui rachète le mal. C'est la société qui pâtit des peines des méchants.

Nous sommes hébétés d'abstractions et de catégories. Qui est bon ou méchant? qui est innocent ou criminel? Chacun de nous à son heure, selon sa force morale. Rentrons en nous-mêmes et nous serons pitoyables.

La sincérité vis-à-vis de soi-même est une vertu sociale. C'est de l'humanité pour les autres.

Pour mesurer l'effroyable déchéance morale du christianisme à l'égard de la philosophie grecque, il suffit de mettre en regard de la doctrine des peines éternelles ces pensées de Platon :

« Les âmes les plus heureusement douées deviennent les plus mauvaises de toutes par la mauvaise éducation. »

« Il faut surtout réserver sa pitié pour celui dont les maux laissent quelque espoir de guérison. »

Rien n'est provisoire comme les lois. Certes, dans les grands moments d'inspiration collective, elles atteignent le durable, et l'on ne peut douter que les sociétés humaines ne soient sur la voie d'harmonies morales plus sublimes que les mouvements des corps célestes, puisque alors les lois résulteront du concert de volontés et de l'accord d'âmes libres. Mais en dehors de moments magnifiques où il fut permis de l'entrevoir, les lois sont la toile de Pénélope des gouvernements. Tout pouvoir qui s'y abrite s'use dans un éternel raccommodage.

Les révolutions s'y légitiment, les réactions s'y déshonorent.

Les bonnes lois restent l'expression lumineuse de quelques rares moments de l'histoire. Les mauvaises condamnent et ceux qui les font et ceux qui les subissent.

De nos jours, la meilleure utilité des lois politiques dont les gouvernements sont si prodigues est de servir de cible à l'opinion publique.

Quand elle ne les tourne pas dédaigneusement, elle n'a qu'à viser juste pour passer outre.

Indifférence, chose odieuse qui a plus retardé le progrès du genre humain que les méfaits des criminels.

Le cœur haut, on aime les hommes et on les veut servir.

Aussi est-ce un instinct généreux de sociabilité et de courage qui voue tant de gens aux luttes ouvertes et aux périls volontaires de la politique.

Parce que certains s'y portent par ambition bruyante et tracassière, désœuvrement et vaine faconde, l'œuvre qu'ils accomplissent mal n'est pas moins de grandir les hommes en améliorant leur condition sociale.

Autrefois ceux qui se mêlaient d'opposition aux choses établies faisaient triste figure. Ils étaient toujours censés fauteurs de désordre, contredisant à la bonne coutume. Ils offusquaient les puissants comme des impies. Ils épouvantaient même les malheureux dont ils exposaient les griefs comme si leurs audaces blasphémaient jusqu'au cœur du misérable. Et quand les réformes qu'ils avaient annoncées et payées d'avance des plus belles vies s'imposaient au monde, jamais ces progrès des sociétés n'étaient restitués à leurs pères légitimes. La libre initiative des gouvernants avait tout fait. C'était toujours l'histoire du Messie. Au peuple juif qui avait enfanté son réparateur par le plus lent des calvaires, l'histoire officielle le donnait par miracle.

Aujourd'hui l'opposition a un plus beau rôle. Plusieurs la considèrent comme la conscience des peuples, tant on s'habitue à enregistrer dans ses jugements la vérité et la justice. Bien que mal menée dans le présent, on ne nie pas que le passé la justifie et que l'avenir lui appartienne. Qu'on y voie l'aiguillon de guides énergiques poussant en avant les troupeaux aveugles, ou le ferment organisateur du limon humain, elle est la consolation du philosophe et l'intérêt du spectacle. Que l'histoire humaine serait insipide s'il ne se levait de temps à autre des révolutionnaires pour rendre les hommes moins plats, moins nuls, et leurs chefs un peu inquiets et plus fous! Comprend-on l'empire romain sans le christianisme, le moyen-âge sans la renaissance, le catholicisme sans Luther, le XVIIIe siècle sans les philosophes, l'ancien régime sans la Révolution? Mais toujours ces infusions d'idées nouvelles semblent arriver trop tard, et l'impatience, si elle est parfois l'excès de l'opposition, en est le plus courageux mobile. Tant de gens se résignent à endurer sans rien dire; si peu osent regarder en face l'absurde, ne serait-ce que pour en rire!

Les hommes d'opposition doivent en prendre leur parti : les clairvoyants de justice ont un rôle sacrifié dans les affaires. Quand ils veulent davantage, ils se renient. Qu'ils se contentent du beau lot que les gouvernants leur laissent : des abus à poursuivre, la dignité humaine à relever, toutes les réformes et tous les progrès à hâter.

Ils sont empêchés; ils ne sont pas compris?— Qu'importe! ils ont à trouver une tactique assez habile, une expression de leurs idées assez éloquente, assez heureuse pour paralyser les prohibitions et triompher de l'indifférence par la conviction qui s'impose.

Il reste en fin de compte à l'opposition la moins écoutée l'honneur d'avoir exprimé les sentiments nobles et désintéressés de l'âme humaine. — Elle n'a rien obtenu? — Justice lui sera faite. Sa voix porte dans la postérité, elle a préparé l'avenir.

Les proscrits, les condamnés politiques, à peine sont-ils morts que la génération suivante leur élève des statues.

Les gouvernements sont aussi aveugles à se croire des tuteurs nécessaires que les oppositions sont chimériques à déclarer qu'un pays est prêt à les suivre.

Logiciens de part et d'autre qui raisonnent en dehors de l'opinion ou à côté des mœurs.

Elle est désastreuse la politique qui se passe de grands sentiments.

Un peuple rabaissé par ceux qui le gouvernent ne produit plus de grands hommes et voit ceux qui survivaient se corrompre.

Sous un gouvernement despotique, les grands sentiments se refoulent en ironie et s'exaspèrent en satire. Le bon sens lui-même contrefait le fou et grimace. C'est alors que les farces abondent au théâtre. Les auteurs comiques dérivent par le rire le poignant des âmes.

Ce qui différencie les temps et juge les politiques, c'est que dans les jours qui suivent les explosions populaires on vit sur la place publique par besoin de se voir, de se parler, de multiplier le patriotisme, le dévouement, l'honneur. Aujourd'hui les meilleurs s'isolent pour garder le sens de l'honnête.

Les gouvernements se perdent par les prohibitions ; les oppositions se discréditent par l'abus de la parole.

La force du gouvernement vis-à-vis de l'opposition est de se taire.

Pour les revendications de la justice et de la liberté, moins de phrases ; quelques axiomes énergiques redits à propos.

Les grands hommes d'affaires, les organisateurs, les politiques se sont toujours dérobés derrière les parleurs.

Les discours officiels sont, de nos jours, un des plus tristes symptômes de l'abaissement des caractères. Sermons, congratulations, harangues ont effondré la rhétorique.

C'est l'honneur des révolutions populaires de rendre inopinément le respect à la parole avilie et de faire succéder à l'emphase éhontée l'intègre simplicité du mot.

Les désastres d'un peuple s'annoncent par des verbiages.

Plus l'activité sociale prend un but élevé, plus la parole se respecte comme l'instrument même de la sociabilité.

Ainsi nous nous débattons misérablement dans les contradictions :

Nous fondions notre fortune sur la paix, sur la prospérité publique, et la guerre nous dévore. Nous prétendions inaugurer la fédération des peuples et les peuples s'entr'égorgent au nom du nationalisme. Nous déclarions l'association une panacée, et nos tentatives de coopération avortent. Notre dogme social était le progrès, et de la république du suffrage universel nous sommes tombés dans le césarisme. Nous ne parlons que de liberté, et nous n'avons su produire que la tyrannie ou l'anarchie.

Nos esprits nagent dans l'absolu et notre existence est ce qu'il y eut jamais de plus précaire.

Nous sommes si sûrs de la perfectibilité qu'il

semble qu'un instant suffise pour réaliser nos axiomes.

Nous n'avons ni logique ni patience.

Sous l'impression habituelle d'inventions qui ont accéléré la vie, notre génération a perdu le sens du temps. Comme si nous n'étions garrottés au cadavre du vieux monde, liés à tant de choses mortes qui se croient encore vivantes, comme si les cerveaux de tant d'hommes, moulés par l'injustice ou rétrécis par l'ignorance, pouvaient en un jour se dilater!

Notre génération vouée à la contradiction, à l'impuissance, à l'extermination, parce que, venue entre deux mondes, elle en subit le conflit, doit-elle se renier lorsqu'elle voit clairement les fautes et les empêchements qui la paralysent?

Le peuple a droit d'être relevé matériellement et moralement. Au lieu de l'instruction qui aurait rapproché les classes en idéalisant le bonheur, on a identifié le progrès au plus ou moins de jouissances. Quoi d'étonnant que le peuple s'y précipite et laisse à part les prétendus éducateurs bourgeois qui n'ont pas su l'élever!

Parce que cette révolution économique au profit des masses maintient le despotisme, dirons-nous que nous eûmes tort de croire à la liberté?

Parce que les masses se désintéressent de tout ce qui fait notre vie, de l'intelligence et de l'idéal, et suivent l'évolution lente d'une société retombée en enfance, devons-nous nous confondre avec les masses ?

Il n'est point nécessaire de se faire broyer quand la raison n'ordonne point le sacrifice.

Il est pusillanime de médire de ce qu'on ne peut changer et qui a sa raison d'être.

Il serait indigne d'abdiquer nos principes parce que nous rencontrons un plus vaste courant qui nous submerge.

A l'individu qui se trouve au contre-courant des masses, un devoir social incombe : le caractère.

A défaut de la fraternité active qui lui est interdite, enseignement et propagande, il reste à l'individu l'art, le travail et le refuge en soi où il peut encore se réunir aux autres hommes, les servir et les aimer.

L'individu est un point de repère quand il maintient les droits de la conscience.

Quelque trompées que soient nos espérances, quelque ajournée que soit notre vie, quelque défectueuses que soient nos théories, il n'est point vain de ramener ce qu'on appelle fatalités ou coups du sort aux lois de justice et de liberté.

Qui apprécie les perspectives et sait distinguer les plans n'espère pour la société ni miracle ni révolution faisant succéder brusquement le bien au mal, le progrès à la routine, mais une lente amélioration par les vertus individuelles.

Une vie bornée n'attend que l'extraordinaire. Une vie indéfiniment déployée n'exige que le possible mais ne s'y résigne pas.

Dans l'antique croyance celtique à l'âme immortelle, qui rendit nos pères intrépides, l'immortalité, c'est appel aux vaillants, confiance aux ajournés, revanche aux vaincus.

Ils ont bien mérité les honneurs et le respect de la postérité, les hommes qui furent bons et généreux dans leurs actes. Ils sont dignes de notre confiance les grands cœurs qui se sont ouverts et où nous nous abritons, tristes ou opprimés. Leur gloire n'est point surfaite. Qui l'obtint aurait pu faire davantage.

Les morts ne nous évitent pas la peine de penser par nous-mêmes. Ce qui nous attire, c'est le déploiement, où qu'il soit, de l'âme humaine. Il nous plaît un moment de nous récréer aux audaces des morts, mais il ne faudrait pas nous y tenir.

L'inertie a rendu le genre humain idolâtre.

Par paresse de trouver soi-même, on a dit que les Grecs avaient atteint la limite du beau. Ce fut en effet une aristocratie réussie, où une éducation très forte fut appropriée heureusement à une élite, à l'exclusion du reste, avili ou exterminé.

J'avoue que l'idéal social dans la démocratie moderne me passionne davantage. Le problème est plus complexe, mais combien l'idée supérieure ! Organiser par l'éducation et le libre jeu des activités la société comme un concert où entreraient les discordances ; évoquer tout ce qui monte sans négliger rien de ce qui s'abaisse ; honorer tout progrès d'autant plus qu'aucune des plaies sociales n'y serait oubliée ; soutenir, respecter les humbles et découvrir leurs forces ; amener les forts à devenir inventifs et secourables par estime des faibles.

Si dans les institutions humaines quelque chose pouvait durer, ce serait une société qui voudrait se guérir de l'injustice et fonder l'égalité véritable.

Il ne s'est encore trouvé rien de tel pour nous désabuser du gothique que le restaurer et le reconstruire.

Nous sommes aux temps arides du mois de

mars. Les grands vents soulèvent la poudre du passé, et cette poussière nous aveugle sur nous-mêmes.

Coutume, tradition, préjugés, mode, autant de mots qui ont perpétué l'esclavage.

La mode règne et sur les natures d'esclaves et sur les tempéraments sociables.

Vieilles vérités, soit! pourvu que la bouche qui les redit soit jeune. Mais rien ne prête plus d'intelligence aux hommes mûrs que leur adhésion aux idées nouvelles. Ils n'y portent point la déclamation, ordinaire chez les jeunes qui ont plus de ferveur que d'expérience et présument de dire avant d'avoir essayé de faire.

Il n'y a point de profit à prendre les idées des autres, mais tout avantage à trouver chez eux ses propres idées.

Les meilleures productions font désirer davantage qu'elles ne donnent.

S'il est juste d'y voir un stimulant à mieux

faire, il est indigne d'en déprécier soi-même et les autres.

L'humanité est une aurore, voilà pourquoi les meilleurs gardent la candeur et la naïveté de l'enfance.

Les vieillards chagrins ont manqué leur vie.

Il n'y a rien à redire aux esprits de travers. Impuissance ou cécité. La discussion les fausserait davantage.

Il y a beaucoup plus de génie et de vertu qu'on ne sait. Le monde du bien n'est pas borné aux réputations traditionnelles et à nos perceptions étroites. Mais comme ce qu'il y a de meilleur est toujours donné au devenir, ce n'est qu'en avançant qu'on le découvre.

L'histoire jusqu'ici est injuste et mesquine comme les temps qu'elle raconte. Circonscrite à quelques individus qu'elle dénature ou exagère, elle se tait sur les autres.

Quand nous mourons, nous emportons presque tous notre secret.

Les plus grands le balbutient ou le laissent soupçonner, la plupart l'ignorent ou ne savent le dire.

Les choses qu'on n'a jamais dites sont celles qui nous tiennent le plus à cœur.

Nous sommes inconnus de ceux qui vivent près de nous. Et nos paroles et nos écrits nous travestissent.

On s'égare le plus souvent en préjugeant d'un

homme ; on se perd toujours à le juger définitivement.

Quelle vanité à juger un homme sur quelques actes dont le mobile et les circonstances échappent le plus souvent, d'après des on-dit erronés ou suspects, quand en sa présence presque tout se dérobe de son for intérieur ! Quel pédantisme à circonscrire dans des formules ce qu'il y a de plus embryonnaire et de plus progressif, de plus élastique et de moins déterminable, une âme !

C'est contre ce faux point de vue des jugements humains que l'on s'écrie avec un sage : Oh ! que toutes choses s'évanouissent en peu de temps, les corps au sein du monde, leur souvenir au sein des âges !

La présomption fut avec la légèreté de paroles un malheur de la France.

Quand la vérité d'une âme apparaît, elle réjouit l'univers.

Chaque âme a au fond d'elle-même un amour

si doux et si intense qu'aucune autre ne l'a senti ni éprouvé.

L'avancement des sociétés consiste dans l'épanouissement d'un plus grand nombre d'âmes.

Évolution mystérieuse qu'il ne faut ni trop solliciter ni trop hâter. Les impatients trouvent non la vérité d'eux-mêmes et des autres, mais la folie, la haine et la mort.

Cela explique la lenteur des progrès sociaux et l'acharnement des hommes à des injustices séculaires.

L'âme individuelle ne s'inquiète point des bornes de la vie pour fleurir ou mûrir son fruit, pas plus que l'humanité ne se soucie du nombre des générations pour arriver à la justice.

L'immortalité nous venge de l'opinion comme de l'oubli des hommes. Il n'y a qu'à durer pour que les malentendus et que les erreurs se réparent.

La plupart des hommes ont des visières. Leur parler d'immortalité c'est éblouir leurs yeux. Cette conception qui se trouve chez tous les peuples a fait si peu de progrès qu'elle semble une idée neuve.

La mort frappe sans cesse autour de nous en attendant qu'elle nous emporte nous-mêmes.

Les religions s'en occupent très peu en dehors des cérémonies liturgiques. Comme elles ne voient dans l'économie de l'univers que le bon plaisir de Dieu, elles ont considéré la mort comme un événement arbitraire qu'elles ne peuvent pas plus consoler qu'expliquer.

Dans le monde on prend la mort avec beaucoup d'indifférence tant qu'on n'est pas atteint auprès de soi. Mais est-on frappé ? douleur morne, écrasante. On voit des femmes en mourir, des hommes, effrontés jouisseurs jusque-là, en rester hébétés. Cette indifférence et cette terreur marquent tout à la fois le vide et l'effarement d'idées. On subit la mort comme une calamité, mais on la regarde rarement en face comme un phénomène naturel corrélatif à une loi morale.

Comme la vie humaine était unique chez les anciens, la jouer ou la perdre volontairement était une démonstration de vertu. Que la mort fût une nécessité inexorable, cela surexcitait l'âme chez quelques-uns et l'abaissait chez le plus grand nombre.

Endurer la mort en stoïcien, c'était l'exagérer. Mais, comme les chrétiens, se passionner pour la mort, dénaturer les conditions de l'existence humaine en y substituant une morte vie, c'était une absurde et stérile méconnaissance.

Précisons et voyons où nous en sommes.

L'individualité persiste-t-elle au delà de cette vie ?

Le christianisme en l'affirmant s'en tire par

une solution implacable et puérile : une seule épreuve, cette vie. Au delà, l'alternative de deux conséquences : ou l'enfer éternel pour le même corps et la même âme, ou un paradis immuable, précédé ou non d'un stage dans le purgatoire.

Les chrétiens de la Réforme vont plus loin : Par la prédestination ils suppriment l'utilité de cette vie pour le plus grand nombre, et, rejetant le purgatoire, restent strictement dans la rigueur du dilemme.

Il va sans dire que le sens commun s'écarte de ces dogmes barbares. Mais parce que le christianisme a appliqué une réglementation fantastique de nos destinées à l'idée vieille comme le monde de la persistance de l'individualité au delà de cette vie, s'ensuit-il que l'immortalité de l'âme, compromise par cette fantasmagorie, doive être confondue avec la superstition et rejetée au nom de la raison ?

Ainsi est-il arrivé, par excès de réaction légitime, à plusieurs d'entre nous. Révoltés dès l'éveil de leur sens intime par une solution religieuse aussi injuste que grossière, ils estiment que toute conception sur l'avenir de l'âme est une chimère, et avec le surnaturel qu'ils proscrivent ils enveloppent toute métaphysique.

Il est propre aux meilleurs, en dehors de toute doctrine, de pratiquer la justice. Ainsi placent-ils la sanction de la vie dans la conscience. Voués stoïquement au devoir, ils sacrifient bravement l'individu à l'humanité. N'ayant trouvé en politique que retards et déceptions et n'emportant de leurs plus persévérants efforts pour l'amélioration sociale que le sentiment de leur impuissance individuelle, ils aspirent après leur labeur à l'oubli, à l'anéantissement d'eux-mêmes. Dans une humanité progressive, il leur suffirait de revivre à l'état de monades inconscientes et de rendre au foyer des lumières plus vives le pur rayon de vertu et d'honneur qui guida leur vie.

Certes cela est grand de désintéressement, cela est digne de ces hommes qui furent les soldats des combats de la liberté et les pionniers infatigables de la science. Mais c'est aussi un signe de nos temps tourmentés que cette éclipse de l'espérance et cet abandon de soi-même dans des âmes intrépides.

Si chez une élite le peu de cas qu'ils font de la vie individuelle résulte de leur générosité même, dans les masses, il faut le reconnaître, l'incertitude de revivre produit les hideurs de l'égoïsme et les monstrueuses brutalités d'une société qui, obstruée par les bornes de la vie, n'en est que plus avide et impatiente de jouissances démesurées.

L'or et toutes ses joies au plus fort, au plus habile! Le prix c'est jouir, c'est surtout paraître. L'insatiable désir se concentrant en un moment violente les caractères. Escompter l'impossible par le semblant; à défaut de possession acquise, repaître au moins son imagination, faire croire à d'autres qu'on a tout ce qui leur manque, tout ce qu'ils peuvent envier, n'est-ce pas davantage que jouir soi-même? Égoïsme sans autre frein que le code pénal, férocité dans les intérêts, impudeur dans les vanités, ostentation toujours, c'est une chasse à outrance pour asservir, en fin de compte, un corps vite usé, étourdir un esprit blasé, tromper un cœur avorté.

Nul n'a d'action puissante sur son siècle s'il

ne s'adresse à son vice même et n'en fait vertu. Quelle œuvre plus magnifique à tenter que de se saisir de la convoitise passionnée des hommes de notre temps et de lui trouver un idéal pour s'assouvir !

Ce n'est point en croyant l'humanité essentiellement perfectible que j'aurais la pensée de rabaisser aucune des grandeurs contemporaines : promulgation de l'égalité politique, progrès des sciences appliquées, efforts vers la solidarité universelle, essais d'affranchissement de la misère par le travail associé. Mais l'individu, parmi ces puissances collectives, reste comme un Tantale plus affamé encore en vue du bonheur promis à l'humanité, et, devant tant d'horizons splendides qui se lèvent pour les générations futures, d'autant plus refoulé dans sa propre infinité.

Hommes pratiques qui faites prévaloir les sciences sociales et économiques, dites positives, comme seules utiles, les sciences exactes, dites pures, comme seules infaillibles, et qui, dans le triomphe de vos méthodes si sûres, considérez en pitié les sentiments humains sujets à erreur, — votre science a raison qui dresse en toute rigueur le bilan de l'inventaire social, qui minutieusement enregistre tout phénomène observé et ne s'en rapporte qu'à l'expérience, qui sonde en pleine audace le mystère des genèses, de l'infusoire au plus lointain des mondes.

Mais votre âme a tort qui doute d'elle-même, qui se mutile par excès de raison, et ne se sent pas infinie.

L'œil humain, pourtant si fragile, au champ visuel d'un microscope de plus en plus grossissant verrait s'amplifier indéfiniment l'atome, et nous serions téméraires de n'assigner pas de limites aux puissances possibles de l'âme!

A sortir de l'âme humaine, à étudier extérieurement l'univers, la science se blase sous l'accablement des forces, des grandeurs, des nombres, des âges, des profondeurs sans mesure. Éperdue, elle annihile l'homme.

En rentrant en soi ces vertiges se dissipent. Contre les immensités, les abîmes et les énormités de l'univers, j'oppose à valeur égale ce quelque chose qui est en moi, comme dans tout être, de personnel et d'irréductible. Ce quoi que ce soit d'infini (je l'appelle âme) constitue ma conscience et mon immortalité.

Vous dites que l'idée de l'immortalité est inutile à cette vie, et que le souci de ce qui viendra n'est qu'un songe creux pour l'homme qui a assez de s'occuper de ce qui est?

Je réponds avec un sage : Ce qui paraît au vulgaire l'inutile et le superflu, c'est le nécessaire, l'indispensable, pour nous inassouvis, exilés ou parias. Cela nous tient le cœur haut au milieu des réalités misérables, et refait un homme libre de cette chose écrasée dans la tourbe.

Quels hommes peuvent sortir d'une démocratie où les individus se comptent par zéros alignés sur les champs de bataille, par voix nombrées au scrutin, par numéros d'ordre substitués aux noms propres dans les lycées et les casernes! Quand y rencontrera-t-on des personnes?

L'anonymat tend à refaire un monde servile pour piédestal d'un César.

L'immortalité a seule des espaces à l'aise où tout ce que nous percevons, quels qu'en soient le nombre, grandeur, abjection, génie, misère, peut s'épanouir individuellement et solidairement à la justice, à la liberté, au bonheur.

L'âme conçoit l'immortalité lorsque pour aimer assez ce qu'elle aime et tout ce qui peut s'aimer, elle déborde dans l'infini.

Tout ce que l'homme peut obtenir c'est de sentir cette affirmation. Les formes de l'immortalité seront les conséquences d'états de la vie impossibles à connaître par avance. Qui peut prévoir ce que la vie fera en chacun de nous? Ce n'est point en un moment de voyage, alors qu'il faut faire effort pour trouver sa route, qu'on peut prédire ce qui suivra.

L'âme est un foyer d'attraction sans cesse actif. Qui peut dire ce qu'elle sera en l'absence de toute donnée sur les voies qu'elle suivra, sur le milieu où elle se trouvera?

Ce qui peut fournir quelque lumière, ce sont

les phases diverses de l'existence. — Combien de vies différentes dans une seule vie ! — parfois avant ou après l'amour. — Qu'étais-je avant ? disait Goethe à Rome.

Que de vies nous avons vécues en ces dernières années ! Quand je me rappelle, de ma jeunesse mon incertitude, mon ignorance sur toute chose essentielle : incertitude sur le christianisme, incertitude sur la démocratie, incertitude sur la nature et ses rapports avec l'homme, incertitude sur les problèmes de l'égalité et de l'association, incertitude sur la vie et la mort; et que ces questions, pendantes dans mon esprit, se sont posées d'elles-mêmes et suffisamment résolues pour que je n'aie plus ni obscurité ni trouble, mais confiance, curiosité, courage dans cette vie et ce qui suivra ; quand je songe que la morale, nos révolutions l'ont refaite vivante et pratique, qu'aucune maxime des grands cœurs n'est plus une abstraction, mais que nous pouvons la vérifier dans notre propre expérience; quand je sais que la mauvaise fortune n'a point entamé en nous l'espérance et la certitude du bonheur, et que, dans les plus mauvais jours, au milieu des pertes les plus cruelles, j'ai senti en moi quelque chose de plus fort que tout... Alors je trouve au fond de l'âme paix, sécurité.

Car dût ce siècle se terminer par des guerres terribles, — dût la tyrannie s'appesantir, écraser toute œuvre libre, — dût notre vie, de plus en plus misérable et traquée, mendier sa nourriture à un travail précaire, errante de lieu en lieu, — dût l'engouement des grandes machines collectives affoler ce monde et pour un temps submerger l'individu : nous savons où va l'humanité, et parce que nous ne nous en désintéressons point, nous provoquons sans les craindre, nous admirons en les expliquant, les inventions, les solidarités d'œuvres et d'idées, les échanges de peuple à peuple, les conquêtes sur l'ignorance et la misère qui se poursuivent à travers les réactions et les attentats à la liberté morale.

Quoi qu'on fasse, nous avons enfanté une renaissance où, sans polémique et tout à leur œuvre de rénovation, nos fils se referont une société, certes imparfaite encore, mais délivrée des superstitions, des malentendus et des légendes qui entravèrent notre vie.

Nous sentons le progrès si bien identifié en chacun de nous que nous n'avons ni regret de notre vie ni impatience de l'avenir. La mort n'est ni désirable ni à craindre. Nous savons que c'est une évolution naturelle qui laisse tout intact de notre âme : ce qu'elle a commencé et ce qu'elle n'aurait pas accompli.

Oui, à ce point de vue il nous plaît d'être plus affirmatif. Les joies viriles de l'action que nous n'avons pas eues, l'avenir nous les garde, comme il saura justifier nos pressentiments, réparer nos déceptions et par de plus grands appétits satisfaire notre inépuisable désir.

Ne plus séparer cette vie de ce qui suivra, c'est se sentir déjà en possession de l'immortalité.

Quelle belle avance sur nos destinées immortelles que d'aller dans son œuvre aussi loin qu'on peut!

N'avoir plus entre la vérité et soi que les voiles temporaires d'une intelligence sans cesse active et progressive; non plus ramper sur une terre d'angoisse, mais s'envoler dans l'espoir infini; non plus se plaindre d'un mal irréparable, mais enchanter sa peine d'un moment; non plus accuser les autres hommes d'injustice, mais les gagner à sa félicité!

Toute musique est gaie pour l'enfant, disait Jean-Paul, — un retentissement d'espérance.

Si la musique, résonance d'harmonies éternelles, est comme un ressouvenir pour l'enfant, elle reste toute la vie un écho d'immortalité pour celui dont l'âme s'éveille incessamment.

Rester enfant, dans la ferme conscience garder la fluidité de la vie, ne se survivre jamais, telle est la vérité humaine.

La beauté de l'enfance est sa joyeuse prise de possession du monde.

Cette candeur, dans une organisation imparfaite, est si naturelle et si irrésistible, que de l'enfant elle se communique à ceux qui l'entourent. Les possibilités deviennent indéfinies. Avec lui personne ne doute. Même les plus bornés, devant cette destinée inconnue, rêvent l'imprévu. Dans ce ravissement du peut-être disparaissent et la débilité de l'organisme et les difficultés des milieux si durs à percer et le poids de la vie si lourde à soutenir. L'immortalité s'affirme dans ce premier regard d'une âme infinie ouvert sur le monde.

Ce n'est point là une illusion, mais l'homme lui-même et son plus vrai caractère qui se marquent à ces premiers signes de la vie.

Pourquoi l'imagination tient-elle tant de place dans l'enfance? C'est que l'indéfini est si bien le caractère de la vie que l'enfant s'y plonge tout d'abord par le rêve.

Ce monde est dans l'enfance. On s'agite, on se chamaille, on fait tapage à vide. Même ambition, même futilité, même passion bruyante, même inexpérience. Comme dans les jeux, ce qui manque le plus dans nos entreprises c'est l'entente. Celui qui par hasard prévaut sur les autres monologue à plaisir et s'imagine qu'on l'admire. Cependant chacun songe à son affaire. Quelques sots seuls semblent attentifs pour ne rien retenir.

———

L'art de l'éducation s'apprend dans les intuitions de l'amour maternel, qui est un respect infini de l'individu dans l'être informe, une sollicitude inépuisable, une certitude infaillible.

Dans la première enfance quelques bonnes paroles dites à point, un beau et pur regard qui suit et réjouit l'enfant font plus qu'une savante discipline.

Ils ne savent pas, ceux qui toujours légifèrent, prescrivent, grondent, morigènent ou dogmatisent, — car c'est tout un des hommes d'État, des éducateurs et des doctrinaires, — quels attentats ils commettent contre la liberté des âmes.

Dans une vie si courte, à peine avons-nous quelque échappée vers le ciel bleu, et votre pédantisme nous emmure dans une geôle. Un seul instant suffirait à épanouir une âme et la douer de tous les dons qui sont latents en elle, pourvu qu'un libre univers y conspire; et votre tutelle fane la jeune âme exubérante, calomnie la nature, assombrit jusqu'au ciel lui-même. La vie n'est donc pas assez lourde ni difficile sans que vous y mettiez votre mauvais œil?

Dans aucun temps peut-être les enfants ne furent plus mal élevés qu'aujourd'hui. Pendant le bas âge on les adore, on les exagère, on les adule, on les divinise; puis amollis et surexcités, on s'en débarrasse aussitôt qu'ils grandissent, dans des écoles où ils sont abrutis d'abstractions, écrasés de devoirs ineptes, torturés d'assujettissements.

Enfants et peuples sont l'avenir de la démocratie. Surmenés ou dépravés, ils seront esclaves ou tyrans.

Le but de l'éducation est de faire un caractère. Le meilleur maître est un caractère chez l'instituteur.

Je voudrais qu'on inscrivît dans les écoles publiques : Tout homme a son génie. Vous êtes ici pour qu'il s'éveille.

Les écoles valent moins par ce qu'on y enseigne que par l'éveil des sentiments.

On ne trouve sa place en ce monde que quand on a trouvé son âme.

L'étude des sciences humaines profite moins par la part de vérité qu'elles contiennent que par l'effort vers la vérité auquel elles obligent.

La science est peu de chose si l'âme n'est plus grande.

On ne se trompe jamais quand on croit à la raison des choses. C'est là le champ fécond que l'histoire ouvre à l'expérience. Mais l'histoire est toujours à refaire du point de vue de nouvelles conséquences.

Malgré tout, l'histoire nous a été funeste en étouffant notre spontanéité sous l'imitation, en substituant à notre virtualité géniale les paroles apprises par cœur et les sentiments d'autrui.

Chez trop de gens le bric-à-brac archéologique a tenu la place de pensée et d'art.

Qui a beaucoup à faire apprenne moins des autres que de lui-même.

Il faut savoir oublier pour agir.

La mémoire est surtout heureuse dans les

mouvements d'un bon cœur. N'en point disposer à tout instant n'a que peu d'importance.

Nous sommes des voyageurs qu'une trop grande mémoire encombre.

Qui comprend se souvient.

L'homme est un voyant plus qu'un savant. L'intuition est son génie.

Aussi dans des temps comme le nôtre où la science domine exclusivement, les plus hautes facultés semblent taries.

Le meilleur gain de la vie n'est pas d'avoir appris mais de savoir apprendre.

Les grandes paroles sont dites moins par ceux qui sont nés éloquents que par ceux qui peuvent le devenir.

Il ne faut point trop de préceptes à la vie, mais aller en avant d'un cœur joyeux et intrépide. Ni trop régler, ni trop agir, ni trop réfléchir;

mais dans toute situation, et à chaque incident qui se présente, considérer, s'interroger et suivre son jugement. Qui se trompera ainsi n'en aura point de regret.

Qui a aimé, qui a souffert et se sent en possession d'une âme immortelle embrasse toute la morale.

L'homme connaîtra-t-il jamais le dernier mystère des choses? L'homme connaîtra-t-il Dieu? Vaine question. Nous sommes nés pour la voie et non pour le but. Il en est des problèmes insondables comme de la vie même. A mesure qu'on avance, la route devient si agréable qu'on ne demande plus d'arriver.

L'homme qui naît a pour providence l'amour gratuit de sa mère; l'âme consciente a pour providence assurée son accord croissant avec les lois morales.

C'est dans la solidarité de plus en plus grande qui le rattache aux autres êtres que cet immortel enfant trouve pour croître infiniment la sollicitude et la tendresse inépuisables d'une maternité toujours meilleure et plus prévoyante.

Qu'il ne craigne pas ici l'illusion. C'est un monde d'âmes comme la sienne, qui sont prêtes incessamment à le concevoir, à l'enfanter, à l'accueillir, à le comprendre, à le compléter, à le réjouir. Sur les bontés, sur les besoins d'aimer qui l'entourent, le désirent, qu'il sonde son propre cœur et juge des autres par lui-même.

J'admets que pour un temps, ignoré, étranger, indifférent à la plupart, il reste méconnu, dédaigné, méprisé. Mais pourquoi, s'il a aimé, s'il peut aimer, ne l'aimerait-on pas aussi? Pourquoi les dévouements qu'il a eus ou qu'il pourrait avoir pour d'autres, ne les aurait-on pas pour lui?

Ainsi celui pour qui cette vie a été une marâtre, gagnera le monde ami de son désir et, au moment le plus imprévu, rencontrera plus qu'il n'a désiré, imaginé ou rêvé.

Rien ne fait défaut à qui sent son âme. Tout arrive à point, l'action, le repos et l'amour, et cela dans une solidarité toujours plus grande.

Affirmer que les lois morales sont une providence qui entoure et pénètre chaque être d'une sollicitude et d'un amour d'autant plus grands qu'il est plus capable d'aimer lui-même, ce n'est point raisonner à priori, mais reconnaître aux phénomènes moraux une logique, une harmonie et une justice que nous constatons dans les phénomènes du monde physique.

Ainsi s'expliquent ces heureuses rencontres d'âmes, bonnes et saines, près desquelles on se sent si bien à l'aise, affranchi de ses défauts, épuré, amélioré, comme renouvelé et en possession de ses puissances.

Ce ne sont point accidents fortuits mais, par la logique de la justice dans les destinées humaines, groupements qui se forment d'une chaîne immense d'individus épars cherchant à se joindre pour se développer et grandir éternellement.

La piété de l'enfant, c'est la confiance dans un monde supérieur qui lui apprend à se connaître lui-même.

La piété du jeune homme, c'est l'amour qui le suscite à tout dévouement et à tout sacrifice.

La piété de l'homme fait, c'est la notion et la pratique de la justice.

Il y a aussi la piété de la science qui absorbe souvent tout l'être dans la recherche de la vérité, et la piété de l'art qui fait apparaître la vérité belle, éloquente, radieuse.

Mais des ferveurs de l'idéal, celle qui honore le plus notre temps c'est la piété sociale.

Ce sont mes garants ceux qui, sans compter, donnèrent leur travail, leur intelligence et leur vie pour départir à ce monde plus de lumière et de justice. Éclaireurs de la science, soutiens du droit, combattants de la liberté, précurseurs de l'amélioration humaine, philosophes, publicistes, hommes d'action, hardis initiateurs, patients organisateurs, obscurs ouvriers de l'œuvre sociale : cette vie fut pour eux chose sacrée, et ils eurent la religion des idées au point de s'absorber et de se perdre dans le sillon lumineux qui guide l'humanité, s'en remettant pour leur âme à la providence des lois morales, et le plus souvent n'ayant jamais regardé pour eux-mêmes dans leur adoration de l'idéal.

La foi ne se perd pas, quoi qu'on dise. C'est le champ de l'activité de l'âme qui change.

La foi est l'enthousiasme de l'intuition.

Qu'il est difficile de se créer une langue quand la conception des choses a changé! Je n'ai que des mots de l'ancienne servitude pour l'inspiration de toute liberté.

Ainsi l'Américain du Nord, si énergique et si libre dans les solitudes du Far-West, se contente encore de la Bible. Que les hommes ont donc de peine à faire parler leur âme et à ne plus répéter pour des sentiments nouveaux des paroles apprises!

Les despotes proscrivent les idéologues et les matérialistes s'en raillent. Pourtant les idéologues seuls soupçonnent les inconnues de ce monde.

Ame, immortalité, Dieu, Providence, mystère, autant d'inconnues livrées aux disputes et aux désastres des systèmes.

Qu'importe que l'explication qui séduit comme une promesse de vérité soit plus tard convaincue d'inanité! Ces inconnues n'en sont pas moins inhérentes à tout l'être.

Qui m'expliquera pourquoi je suis réjoui, pourquoi mon cœur grandit, quand ces inconnues s'affirment dans leur certitude, et pourquoi je suis diminué, offensé, troublé, atteint jusqu'au fond de l'être quand elles vacillent et semblent s'éteindre?

Convaincre le théologien d'ânerie, confondre le philosophe dans sa pétition de principe, ce n'est ni supprimer l'âme, ni ruiner l'immortalité, ni tuer Dieu.

Nous sommes moins aptes à raisonner qu'à sentir en nous les tressaillements de la vérité.

Celui qui se respecte n'a jamais demandé aux choses humaines ce que leur nature ne peut donner. Confiant dans son sens intime, quand il excède les bornes de son organisme, il attend, il ajourne, il remet, mais jamais il n'exclut, il ne rejette, il ne dogmatise tout à fait.

Il se prépare à la vérité en recueillant des effluves d'où qu'elles viennent. Il observe, il écoute, il cherche, plus curieux d'apprendre qu'impatient de formuler et de conclure.

La réceptivité amasse le trésor de l'âme immortelle.

Magiciens, diseurs de bonne aventure, spirites, charlatans et faussaires de l'immortalité! Ils exploitent ses intuitions et ses promesses en méconnaissant les lois de la vie. Avant qu'elle ait mûri son fruit ils le font avorter.

———

La beauté dans la figure humaine est l'attraction la plus rapide, la plus puissante, même en dehors de l'amour. Qu'une belle personne paraisse à l'improviste, l'âme est saisie, comme fascinée et à l'instant suspendue à cette révélation de la nature parfaite. Qui n'a éprouvé alors combien tout s'approprie à lui faire un digne cadre : paysage, milieu, objets, il n'est rien de vulgaire qui ne s'embellisse pour elle. C'est l'âme qui s'éclairant voit tout à cette splendeur. — Et combien, si cette vision se dérobe brusquement, elle laisse le monde froid, terne, morne, et l'âme triste et vide! Après coup seulement on se repaît de ce souvenir, cherchant sur les objets et surtout au fond de soi le reflet et l'émotion de la beauté entrevue.

Ce rayonnement n'est parfois qu'un éclair. Mais c'est si bien la vérité humaine que souvent il se montre sur le visage comme une aurore avant que l'âme soit éveillée. Cela explique cette beauté singulière chez des personnes encore froides, qui semblent dépourvues de caractère. Cette aurore disparue, la lumière morale se lèvera peu à peu dans l'âme aux prises avec la vie.

Qu'importe le temps devant de telles assurances !

Les héros le franchissent d'un coup. L'héroïsme, c'est l'élan vers la certitude. Le héros voit le but, il va et devance les étapes de la vie. Il est un sujet d'étonnement et de risée pour le vulgaire, jusqu'à ce que le savant qui chemine pas à pas confirme les pressentiments du héros.

Éternelle discussion de savoir comment il a vu ! Les myopes ont beau jeu pour crier à l'illuminisme. En effet il a suivi une lumière intérieure que rien n'explique et ne fait comprendre qu'elle-même.

Si la beauté est la splendeur parfois anticipée de l'âme, l'amour en est la divination.

Infini du bonheur, infini de l'âme humaine, il n'en doute plus, celui qui aime.

L'amour est presque toujours trop pour l'homme. Aimer passionnément un peu de temps est ordinaire. Pour aimer durablement il faudrait pleinement comprendre.

Comprendre la nature humaine, c'est voir dans ce qu'elle est ce qu'elle peut devenir.

Pour durer l'amour exige un art d'évocation.

L'amour donne moins le bonheur que les perspectives du bonheur.

C'est pourquoi l'immortalité apporte une complète satisfaction à celui qui aime, en justifiant, en dépit de nos défaillances, cet axiome de l'amour: Celui qui aime aimera toujours.

L'amour commence à l'humanité et sera la possession de notre vie immortelle. Il est si doux pour nous parce que nous en sommes à l'aurore.

Ce qui est beau, ce qui est aimable est une promesse de vertu. Si l'apparence vacille encore, ne vous en prenez qu'à l'humanité débile; mais, tout inconsistant qu'il soit, pressentez l'homme éternel dans son sourire.

Pressentir le durable dans ce qui passe, considérer l'inaltérable dans la personne changeante, c'est aborder une science qui plonge dans les profondeurs de l'être.

L'amour et l'amitié sont des intuitions de cette science, base solide de toute association.

C'est pourquoi dans une société qui ne s'inquiète pas des âmes, l'association reste une utopie.

L'association doit réussir par l'idéal. Elle périt justement quand elle se borne aux moyens.

L'âme est un statuaire qui transforme incessamment l'ébauche de figure que la nature nous a donnée.

C'est quelquefois aussi le peintre véridique d'une autre âme. Il arrive pendant le calme du sommeil, dans la lucidité sereine du rêve, qu'elle s'en forme une image si claire que les yeux ne l'ont jamais vue dans cette vérité. La sensation est une ferveur intime et délicieuse. Rien d'extérieur n'influençant ni ne distrayant notre âme, elle a la perception juste de l'inaltérable.

Ces moments sont rares, mais le bonheur est alors si pur et la joie si intense qu'on ne peut douter d'avoir pénétré l'essence de l'être.

Le génie, le caractère, toutes les splendeurs morales habitent et vivent près de nous. Le plus souvent elles passent inaperçues. Mais s'il arrive de les pressentir avant que le monde les connaisse, quand elles s'ignorent encore, l'émotion est délicieuse. Les deviner, les entrevoir, les saluer du regard, c'est tout ce qu'il y a de possible. Impie est la main qui voudrait se tendre vers ces trésors. Il n'y a pas de parole assez délicate, assez voilée, assez généreuse pour effleurer certaines âmes et leur marquer la sympathie qu'elles inspirent. Il ne faut point chez les autres trop suppléer la conscience ni devancer le temps.

Sainteté, génie, bonté s'affirment à leur heure, dans leur libre croissance. Heureux qui les devine, les évoque silencieusement en son cœur et les suit discrètement avec respect et pudeur.

Ce qui garde les âmes sublimes c'est leur candeur. On s'étonne qu'elles soient rarement offensées de ce qui les entoure : c'est que rien de bas, de vulgaire, de laid, de grossier ne leur arrive qu'à travers l'atmosphère de pureté qui les protège. Le champ de lutte où elles agissent, souffrent et meurent, pour elles s'éclaire et se pacifie de leur aube.

Sous la forme voir le caractère, sous l'apparence pénétrer l'âme, c'est acquérir le discernement des hommes. Cela rend patient pour leurs défauts, prémunit contre les surprises et ajoute je ne sais quoi d'immense et d'indéfini à ce qui est déjà grand et beau.

Celui-là peut affronter la vie qui à travers les imperfections transitoires des choses humaines considère leur essence perfectible et durable, qui, dans cet esprit de justice, les répare, les corrige, les évoque, les complète, les achève.

La certitude d'une vie indéfectible donne un prix inestimable à des éclairs de bon cœur et dans un mouvement de nature révèle un caractère.

Le génie consiste à concevoir les choses aussi justement dans ce qu'elles sont devenues que dans ce qu'elles peuvent devenir.

Génie, caractère, expressions individuelles du vrai éternel, aucune ne s'exclut, toutes se complètent.

L'univers nous présente ces figures de la vérité à tous les états, dans toutes les combinaisons et dans un mouvement incessant d'échange et de solidarité que toute immortalité sera trop courte pour faire comprendre ou épuiser jamais.

Si l'on n'admet l'immortalité pour rendre l'égalité possible, jamais on n'expliquera sans injustice que certains hommes aient plus de génie, de caractère ou de bonté que d'autres.

Comme le travail favorise par l'exercice la lente croissance de notre nature, l'art soutient en l'affirmant le besoin d'aimer et d'agir qui ne peut se satisfaire. Ce que la vie actuelle ne donne pas, l'âme le demande à l'idéal. Aussi l'œuvre d'art garde-t-elle souvent, même à l'insu de l'artiste, les effusions d'un amour qui jamais ne se déclara, ou le débordement d'une action qui ne put se produire.

Il faut se dire que la plupart des hommes dont les œuvres font notre meilleur entretien n'ont eu que cette façon impersonnelle de s'exprimer.

Notre nature ne produit ses fruits qu'avec peine, douleur et, le plus souvent, de laborieux détours, mais combien ils sont généreux ceux qui naissent de l'angoisse d'un grand cœur !

Un grand cœur qui s'exprime crée pour les autres hommes une façon nouvelle de sentir.

La culture d'un art réserve à l'âme un asile de félicité exquise où déjà elle s'essaie à gravir des échelons de son bonheur futur, qui, sans l'art, lui eussent été inaccessibles en cette vie.

Dans la plus mauvaise fortune se sentir digne de la meilleure, dans la condition la plus médiocre se repaître de pensées sublimes, c'est prendre patience pour de plus hautes destinées.

Rien ne se perd des pensées humaines. Les pures défient corruption et défaillance. Les généreuses attendent que l'âme soit capable de les soutenir. Les radieuses éclairent la voie dans les jours sombres.

Comme des filles pieuses et fidèles, les bonnes pensées ne s'éloignent jamais tout à fait de l'âme qui les conçut et qui, ne fût-ce qu'un jour, les nourrit. Ce sont les anges gardiens et secourables qui réconfortent l'âme blessée, la réchauffent quand elle s'affaiblit, l'assistent dans la douleur. Sur la fin de la vie, elles se reflètent sur le visage, l'éclairant d'une sereine lumière jusque dans le calme qui suit la mort.

Pourquoi les meilleures pensées viennent-elles dans les mauvais jours? Ce n'est point, comme on l'a dit, parce que le bonheur corrompt l'âme, c'est que l'âme en est si avide que, lorsqu'il manque, elle le crée.

Sois en tout et partout l'artisan de ton bonheur. Quand tu restes à la maison, embellis ton foyer, cultive ton jardin. En route, emplis tes yeux, ton âme des spectacles de la nature et des hommes. Es-tu pauvre, découvre hardiment les richesses que ton âme contient : jouis-en, tu en as le droit. Es-tu éprouvé, c'est le moment d'affermir ton cœur à la certitude du bonheur. En société, dans les réunions, dans les fêtes, au théâtre, aux concerts de musique, augmente ton plaisir de l'idée d'une société supérieure, que ce que tu vois ou entends te fasse pressentir des arts portés à une plus haute puissance. Contemple, observe avec une âme sans cesse active. Le bien n'existe que pour le mieux. L'expérience n'est donnée à l'homme que pour aller au delà.

Le bonheur est parfait par la conscience qu'il augmentera toujours.

Il est facile à un homme de se passer de ce qui lui manque quand il le pressent déjà dans ce qu'il possède.

L'infortune nous constitue une dette, la trop grande fortune une avance.

La prospérité n'est un danger que quand elle voile l'homme intérieur.

Que de nobles et puissants esprits eussent été des hommes utiles s'ils n'avaient trouvé tout d'abord la vie coulante!

Un Grec disait : Cherche ton bonheur. Nous disons : Manifeste-le, démontre-le, partage-le pour le faire croître.

Il y a dans notre notion de la vie un principe énergique d'expansion et de solidarité qui dépasse la morale stoïcienne de concentration, d'exemple muet. La propagande ne peut vraiment naître que lorsque à une âme généreuse, si inhabile soit-elle, s'offre tout à aimer, tout à aider, tout à instruire.

L'avare est un impie dans la notion du bonheur en tout et pour tous.

Quand on voit autour de soi l'atmosphère d'ignorances qui isolent les hommes entre eux, on s'étonne qu'il y ait tant d'idées communes. Que sera-ce quand on saura les répandre?

Dans la propagande de la vérité l'enthousiasme est l'élan, le respect des autres est le succès durable.

Les chemins des âmes sont divers.

Trop vouloir chez un autre, c'est souvent s'en faire haïr. Chaque homme a sa méthode. Le bon sens est de n'y point substituer la nôtre.

L'amitié jette des ponts sur les abîmes des caractères.

L'amitié n'a point les ravissements de l'amour. Mais de ce sentiment exclusif elle ne ressent ni les impatiences poignantes ni les dangers mortels. C'est l'accord de caractères qui se complètent. Aussi l'âme éprouve-t-elle de l'amitié un surcroît de santé et de vigueur. Dans certaines crises, pendant l'adolescence, avant ou après l'amour, elle est souvent le salut, toujours le réconfort.

L'amitié est si bonne parce qu'elle affirme implicitement l'égalité; elle ne vit que de la pratique de la justice; aussi ne laisse-t-elle jamais de remords.

Chez qui est sincère vous trouverez la constance.

La sincérité attire les amis sûrs. Elle inquiète les autres.

Il n'y a pas d'homme ennuyeux si vous le rendez sincère.

L'allure des choses et des hommes nous déconcerte sans cesse. On en trouve la raison pourtant si l'on y veut réfléchir.

« Rien n'est étrange ni nouveau pour le sage. » Dans la pensée antique, c'était un raidissement qui produisait l'indifférence et empêchait de s'instruire de la vie.

Pour nous, nous pouvons le dire avec plus de justesse : Rien ne nous est nouveau, car notre âme a déjà en elle de ce tout qu'elle doit connaître ; rien ne nous est étrange, car ce qui nous arrive, tout imprévu soit-il, c'est la logique de notre vie qui se déroule.

Que l'esprit se baigne dans de grands horizons de lumière, il s'avive, comme la respiration dans de vastes couches d'air qui se renouvellent. Ne balance pas à entreprendre un long voyage pour rendre ton âme meilleure, disait un ancien. « Pour voir le tout dans le plus petit objet », il faut avoir beaucoup parcouru, beaucoup senti, beaucoup vu. Des innombrables impressions que l'âme reçoit, et que le plus souvent elle n'analyse pas, toutes se déposent, strates invisibles qu'un jour elle saura retrouver, ordonner et comprendre. O merveilleux organisme de l'âme humaine! J'affirme contre le souvenir débile, contre la conscience encore peu lucide, l'instruction que l'âme se prépare incessamment à elle-même devant les spectacles de la nature et des hommes. J'ai la certitude qu'un jour elle se sentira immense. Ainsi de la terre, que l'ignorant voit uniforme, immobile, inerte, qu'il regarde à peine, et qui pour le savant devient le théâtre inépuisable des phénomènes les plus variés d'activité et de transformation continue.

J'emplis mes yeux, j'emplis mon âme sans mesure mais avec bonheur, car j'ai la confiance que j'amasse pour une connaissance qui dépasse mon intelligence actuelle.

A qui a vécu curieusement, l'univers rend visite dans la solitude.

Qui n'a pas vécu parmi les hommes n'a pas le droit de se tenir à l'écart.

Heureux qui s'en retire sans fiel et se recueille pour les mieux servir!

La solitude est une épreuve trop souvent mortelle. De grandes pensées y habitent, la jeunesse de cœur s'y conserve, mais l'imagination s'y égare. Si les amants la recherchent, c'est que les passions excessives s'y exaltent, mais aussi s'y dévorent. Elle ensauvage les mauvaises, elle affole même les médiocres. Il faut une grande foi pour la remplir et un bon sens inaltérable pour y garder mesure et équité. Une âme saine s'y retrempe quelque temps et s'y fortifie, mais que de blessés s'y exaspèrent, que d'indolents s'y moisissent, que de bornés s'y atrophient dans la manie ou l'étroitesse!

Blancheur immaculée des monts, silence sublime, horizons sans limites, mais froideur mortelle, mornes déserts, horrible vertige.

Rien de périssable ne s'accommode de la solitude. L'être éternel seul y peut vivre.

Voyez les cabanes enfumées, la malpropreté sordide, les goitreux hébétés au milieu des Alpes! L'homme ne connaît la nature qu'après s'être trouvé lui-même.

Comme la percussion fait jaillit l'étincelle de la pierre, l'âme de l'homme s'allume au contact de l'homme.

Le monde est l'école de l'âme immortelle, la sociabilité son champ d'activité féconde.

Qui ne retrouve pas en lui ce qu'il voit chez les autres, ne jouit pas encore de la pleine possession de soi-même.

Sans le savoir nous nous formons en cette vie aux qualités qui nous manquent le plus. Celui qui ne sait peindre contemple, qui ne pourrait penser agit, qui aime apprend à connaître.

Mais il est naturel dans une vie normale de s'être préparé pour ce qui suivra. La vie a-t-elle été bonne, heureuse? semence de joie et d'allégresse. A-t-elle été contrariée? semence de revendications pour la vie ajournée. En sorte que le retour de la vie ne se résume pas par ces mots de regret : Que n'aurais-je pas pu devenir! mais par cet élan vers l'avenir : Tout me sera possible!

Il y a douceur indicible à contempler quand on est sûr qu'un jour on sera acteur soi-même.

Vivre obscur et petitement est aisé à qui se réserve.

L'expérience de la vie et la pratique des affaires montrent à un bon esprit qu'il eût été capable de réussir dans plus d'un art et dans plus d'une carrière. Mais il ne regrette rien : sa destinée est ouverte, et il est prêt à mieux faire.

L'ambition déçue fait un criminel ou un bienfaiteur. La fortune a manqué à l'un et à l'autre? Le premier se révolte, le second comprend.

La mort engloutit nos projets pour les mieux accomplir.

L'homme a tant à faire qu'il est ivre d'action. Ne lui demandez de garder des entr'actes pour se recueillir que quand il peut réfléchir et comprendre.

Le mouvement des passions est la loi de la vie. Qu'il s'y instruise celui qui les a traversées!

Élevez les hommes pour qu'ils soient capables de soutenir leur passion, et non pour qu'ils la compriment.

La plupart des hommes sont des instruments mal accordés. Une grande passion les accorde.

L'âme humaine est encore si débile qu'elle n'atteint le grand que par un mouvement qui la rehausse : enthousiasme, dévouement, ferveur révolutionnaire. Quelles que soient les fautes des hommes, ces moments les font grands; et il est insupportable d'entendre raisonner froidement, avec le dogmatisme magistral de l'après-coup, d'hommes qui furent passionnés dans les affaires publiques ou privées.

Quand les forces vives de l'âme sont jetées hors de la vie publique, apparaissent les laideurs des fermentations humaines, corruption, immoralités, pourriture à la surface, et au fond la mine se charge pour l'explosion.

Les politiques ne s'occupent qu'à se défendre contre les passions révolutionnaires et à se défier de l'âme humaine. Ils seraient plus habiles s'ils la rendaient responsable.

La liberté grandit les individus et moralise les peuples.

La politique sera le plus grand des arts quand elle se préoccupera moins du petit mal que font les hommes que du bien sublime qu'ils peuvent faire.

Que les politiques ne se vantent point du progrès des choses tant que l'âme qui le fit leur est suspecte!

L'homme libre seul voit une œuvre dans les travaux de l'industrie et dans les découvertes des sciences, et son cœur se dilate dans les fêtes des choses qui lui répètent la fraternité qu'il sent dans son cœur.

Rien ne s'octroie, tout se gagne. Les portes triomphales de la démocratie ne seront jamais ni livrées ni ouvertes, elles seront forcées. C'est affaire aux altérés de justice, aux avides de vérité, aux enthousiastes de fraternité.

Parce que tant de gens échouent, il n'est point vain de tenter la fortune.

Oser de grandes choses, c'est ne jamais échouer pour qui se sent l'avenir ouvert. L'audace sied aux riches, disaient les anciens. Mais combien il peut oser celui qui est sûr de ne rien perdre! L'audace est le plus souvent de la clairvoyance.

A qui ne voit que ce monde, l'intérêt est le but de la vie. Qui se confie à l'immortalité n'a passion que d'éterniser son âme, c'est-à-dire d'étreindre si bien tout ce qu'il aime que l'âme ne puisse plus jamais en être séparée. Qu'il s'agisse du plus petit cercle ou du plus grand théâtre, il n'importe que la trace en reste ou disparaisse.

Il se nourrit de cette ambition, celui qui dans l'obscurité et le silence se plaît à commencer ses destinées immortelles.

II

Du point d'appui de l'Individu

Du point d'appui de l'Individu

JE suis né dans la religion du miracle. — J'ai été élevé dans l'idée d'un Dieu personnel, Providence qui régissait la vie individuelle, les phénomènes de la nature.

Tout cela s'est écroulé.

Je n'ai point à m'attendrir sur ces illusions perdues. Elles se sont dissipées à l'éveil de ma raison de plus en plus affermie. Je ne les regretterai point comme des retards, des entraves à mon évolution. Ce sont des faits d'atavisme dont je ne pouvais me dégager qu'avec le temps.

A quoi bon s'acharner sur des choses vides et mortes ! La polémique finit par sa stérilité même. Dégagé de ce passé, je suis avide de vivre, anxieux de durer. Ma curiosité est sans limite, mon besoin de bonheur sans mesure.

Réduit à moi-même, je n'ai à espérer que de moi.

Seul devant l'infini !

L'infini en étendue comme en profondeur, l'infini en grandeur comme en petitesse, dans le plus infime atome comme dans les nébuleuses incommensurables, agglomération de mondes que le télescope découvre dans les espaces indéfinis de l'éther. — L'infini partout déborde la pensée.

Tout ce que les conceptions humaines peuvent

reconnaître, ce sont des lois semblables qui régissent des organismes similaires dans des milieux variables.

N'est-ce point une ironie, au milieu de cet effroyable déploiement de vie, d'affirmer la persistance de l'individu noyé dans l'insondable, enserré dans un infini qui l'oppresse et l'annihile ?

Du fond de la concurrence sans trêve, de la lutte pour l'existence, de la destruction impitoyable qui semble la loi de l'entretien de la vie, n'est-ce point un contre-sens de parler de bonheur, et dans l'épouvantable mêlée, au spectacle du meurtre et de l'extermination, de rêver une félicité infinie ?

N'est-ce point le pire aveuglement de l'orgueil d'usurper pour soi par la pensée une place perpétuelle dans l'univers quand toutes sont prises, et peut-être mieux prises, quand rien ne change si la place de ce rêveur est occupée ou vide ?

Surgissent les problèmes, croissent les impossibilités, mon âme ne peut plus se troubler. Les sciences de la nature me démontrent que rien dans cet univers ne se perd, que tout se transforme. Je sais que cette force qui est moi ne peut se dissoudre. Qu'importe ce que je devienne ! Je suis, je serai.

―――――

Ce qu'est cette force, — l'âme, — comment je l'ai vue croître, comment je l'ai fait croître? je n'ai qu'à me rappeler les phases de la vie présente.

Quand je me reporte à ses premières impressions, alors que tout d'abord obscure et enveloppée elle s'éclaira parfois d'un regard, d'une caresse, d'un chant, d'un mot; à l'aspect fortuit des prés en fleurs ou des jeux du soleil dans la forêt; à la joie qui débordait d'une fête de famille; à une lecture accoutumée, le soir, d'une légende de saints ou de héros; à une histoire toute naïve racontée au coin du foyer, je vois cette enfance s'écouler comme dans un rêve entremêlé de lueurs, et les impressions perçues du dehors dessiller des sens encore endormis, évoquer la jeune âme inhabile à s'exprimer d'elle-même.

Puis vinrent les piétés et les effusions de l'adolescence, les ravissements aux beautés de la nature, les ivresses de la jeunesse aux séductions de la vie, mais combien souvent poignantes! Cette âme était si avide, si impatiente et si inégale qu'elle ne pouvait jouir et comprendre. Au lieu de saisir des réalités à sa portée, elle s'épuisait dans une ambition démesurée, dans une attente vaine. Elle s'abusait de chimères. — Que de temps passé aux projets d'action, d'amitié ou d'amour, mal conçus, mal venus, reposant sur des données fausses ou incomplètes et sur des ignorances de soi et des autres!

Puis à force de s'y reprendre et d'y réfléchir, mûrie par l'adversité en elle-même et par l'observation chez les autres, cette âme arriva à une notion plus exacte de la vie : moins en attendre, la jugeant exiguë et avare pour une soif infinie; — puis sentant les facultés physiques décroître, la connaissance incurablement bornée manquer d'espace et d'aliment, se convaincre que tout ce qu'elle voudrait elle ne le pourrait, se résigner en s'ajournant, prendre les bons moments comme des promesses et des assurances, s'en contenter, s'en passer même, dans l'infaillible certitude que l'avenir ne trompera pas l'âme sincère qui lui remit tout ce qu'elle avait voulu et n'avait pu obtenir.

De sorte que j'arrive à mourir sans regretter cette vie, mais l'ayant allumée, développée et prisée à ces lueurs de bonheur, certes incomplètement savourées, parce qu'elles n'étaient perceptibles qu'à une organisation bornée.

Oui, ce qu'il y aurait eu à faire, je m'en rends mieux compte. Mon aspiration ne m'a pas trompé. Je connais mieux ma faiblesse mais aussi ma force, car j'entrevois plus exactement les conditions de cette existence. Que d'autres essaient et ne se découragent pas non plus! Cette vie bornée déborde d'un infini qui veut être et qu'elle ne peut réaliser. La mort replace l'âme dans des conditions plus libres mais impossibles à préciser. A l'encontre de ces éventualités, je suis devenu une force mieux organisée et plus consciente. J'ai commencé des amitiés, des amours, j'ai pressenti des solidarités, j'ai noué des liens encore lâches et malhabiles, j'ai ébauché une connaissance et une société aussi incomplètes l'une que l'autre. — Mais je ne maudis plus mes déceptions, mes ignorances et mes maladresses : j'ai appris à mieux aimer, à mieux connaître. J'ai essayé ma force. Elle ne se dissoudra point.

Quand je croyais que tout cela était un don gratuit, je craignais, à la merci d'une puissance arbitraire, de ne pouvoir garder ce que j'aurais reçu par pure grâce. Mais pourquoi recourir à une intervention étrangère? Elle ne m'est point nécessaire. J'ai fait en moi une œuvre de vie qui veut continuer de vivre. C'est mon gain, c'est ma force acquise, c'est ma vertu fondée.

La mort ne peut me l'enlever, car cette force n'est pas d'elle. Ce qui naquit à la vie renaîtra à la vie, et comme se produisit la force, la force saura se reproduire.

Vous éteignez la lumière, mais vous n'anéantissez pas les gaz d'où elle a jailli. Que la force d'affinité les combine à nouveau, la lumière rejaillira. Ainsi la mort remet en liberté les éléments de la vie; qu'ils soient dissociés violemment ou naturellement par une mort accidentelle ou normale, ils n'en restent pas moins, eux et d'autres, prêts à rentrer au service de la force qui sut déjà les réunir. Et comme la vie se produisit organisée alors que sa force de cohésion, l'âme, était embryonnaire et inconsciente, elle saura bien renaître; d'autant plus fortement organisée que cette force est douée de plus de volonté, d'énergie et d'aptitudes, qu'elle sait être, qu'elle veut être et qu'elle a déjà su se faire et se connaître.

Quand l'âme croit à sa persistance, elle ne fait qu'étendre à l'avenir l'expérience de sa vie présente.

Pendant la vie, après la vie, l'âme est un souffle qui s'enflamme, qui s'éteint, qui se rallume, qui persiste par sa force intime d'être.

Ils disent que l'âme se dissout avec l'organisme; ils ignorent donc qu'en coexistant avec l'organisme l'âme est une force qui en reste distincte.

Comment! les physiciens démontreraient que toute force dans la matière inerte se transforme, mais ne peut se détruire, et cette force, consciente et volontaire, l'âme, serait soumise à la destruction que les forces de la matière ne connaissent point?

Pauvres physiciens, ces philosophes qui destinent à l'âme un sort pire qu'au reste de la nature!

S'ils savaient la puissance d'un sentiment à travers les âges, qui soutient des générations par multitudes, la vertu d'une parole à distance, l'effet d'un regard sur le regard, lequel crée un nouvel être et le doue d'une vie qu'il ne savait pas avoir, ils seraient plus modestes à conclure et ils respecteraient la source sacrée dont une manifestation spontanée dépasse tous les effets des forces physiques.

Mais ils ont des yeux et des calculs pour la

pierre qui tombe, pour l'étincelle électrique qui combine l'oxygène et l'hydrogène, pour le rayon de soleil qui enflamme le chlore et l'hydrogène, et ils ne savent pas évaluer la virtualité du sourire de l'enfant, l'intensité du regard qui allume l'amour, le jet de la pensée qui formule l'idée pour tous, l'effet de la parole qui blesse, tue, vivifie, régénère.

Qu'ils disent que nous manquons d'organes pour discerner le mode d'existence de l'âme, mais qu'ils ne partent pas de leur cécité et de leur ignorance pour nier tout ce que ne voient pas les yeux mortels mais que la conscience sent invinciblement.

Les physiologistes ne nient point qu'il y ait dans l'homme une force qui règne et qui détermine le dessin vital de son évolution, mais ils se hâtent de déclarer que cette force n'a rien à faire avec les phénomènes de la vie.

Ils disent : Cette force appartient à la métaphysique et non à la science. Nous n'avons rien à y voir, comme cette force n'a rien à voir aux phénomènes que nous observons.

Reconnaître une force pour ne plus s'en occuper peut être un expédient temporaire ; ce n'est point une solution acceptable pour des esprits indépendants.

D'ailleurs est-il bien sûr qu'à l'exclusion de l'âme une explication satisfaisante de la vie se puisse donner ?

Certes tous les phénomènes de la vie rentrent sous les lois de la physique et de la chimie, et il n'est pas au pouvoir de l'âme de les soustraire à ces lois.

Mais cette force évolutive que les physiologistes constatent dans l'embryon pour faire converger les actions physiques et chimiques de l'organisation et de la nutrition vers un certain but et les faire servir à une sorte de dessin vital, que devient-elle ?

Nécessairement elle persiste. Pendant toute la durée de l'organisme, n'agit-elle pas à la façon du chimiste dans son laboratoire, pour opérer telle combinaison, produire telle ou telle réaction ? Le moi n'est-il pas libre de régler l'économie des fonctions de l'organisme et d'intervertir les combinaisons ou réactions ?

L'organisme a beau se nourrir, s'abstenir, marcher, prendre du repos, l'âme seule lui donne l'impulsion.

Il est donc inexact de dire que l'âme n'a point d'action sur les phénomènes de la vie quand elle peut incessamment modifier les causes qui les produisent ou les circonstances au milieu desquelles elles se produisent.

Vouloir considérer ces phénomènes indépendamment de l'âme, ce n'est plus envisager la vie dans son unité harmonique, mais se borner à l'étude et à la description analytique de fonctions isolées dans l'organisme.

Quelle médecine qui se bornant aux notions d'un organisme identique chez tous, et dédaignant l'aide de l'âme individuelle, se priverait des plus utiles renseignements pour la détermination de maladies qui dans chaque être prennent un caractère spécial, et rejetterait aussi les meilleurs secours pour guérir!

Les chimistes nous présentent des corps constitués par les mêmes éléments, et pourtant fort dissemblables de propriétés et d'aspect pour peu que leur état moléculaire varie; et de la parité de substance dans les corps les plus différents ils concluent à n'admettre pour expliquer la vie que des combinaisons de la matière.

C'est juste le contraire qu'il faut en induire.

Les phénomènes de la vie rentrent sous des lois simples et identiques, mais, pour expliquer leur variété infinie et leur complexité croissante, on doit tenir compte de la force individuelle latente sous ces phénomènes. Et plus ce que nous pouvons percevoir des organismes se réduit à des combinaisons diverses d'éléments similaires, plus l'impulsion qui les fait agir gagne en mystère, en imprévu, en virtualité, et la liberté prend plus d'importance.

De sorte qu'en ramenant tous les phénomènes de la vie aux lois de l'unité de substance, la chimie aura fourni la preuve irréfutable de l'âme individuelle et manifesté à tous les degrés de l'être ses puissances effectives et virtuelles.

———

Mais il est d'autres aspects des fonctions de la vie qui mettent l'âme directement en lumière. Nous ne percevons, dit la physiologie, que les phénomènes par lesquels les organismes se détruisent et se désorganisent, telles sont toutes les manifestations de la vie qui peuvent s'évaluer en une perte appréciable des éléments chimiques qui constituent l'organisme.

Mais les phénomènes par lesquels l'organisme se répare et puise incessamment de nouvelles ressources pour les dépenses de la vie nous échappent, soustraits qu'ils sont à la volonté et à la conscience de l'être vivant. Si nous voyons comment il brûle et dépense sa vie, nous ne voyons pas comment il l'alimente.

Que nous manquions d'organes pour voir au dedans de nous, que nous ne puissions que constater les résultats sans suivre le travail incessant de cette force qui pourvoit aux pertes et aux dépenses de la vie, il n'en est pas moins certain que ces phénomènes peuvent être modifiés par la volonté. Plus cette volonté est éclairée, mieux elle choisit et approprie les éléments réparateurs, et plus elle fortifie l'organisme et le fait durer. Il serait oiseux de représenter ce que peuvent, pour la croissance ou la nutrition, tel ou tel lieu, telle ou telle habitude, telle ou telle disposition morale, gaieté ou tristesse, toutes choses dépendantes plus ou moins de la volonté ou de la liberté.

Les phénomènes de la réparation de la vie dont la physiologie est impuissante à rendre compte ne doivent pas être isolés de cette force que nous appelons âme. Car il arrive que dans l'être le plus épuisé il suffit parfois d'un *sursum corda* pour ranimer tout l'organisme et produire un courant vital, source féconde d'actes et de pensées, que n'expliquera jamais le jeu des cellules vitales.

Ainsi d'autres phénomènes qui ne tombent pas non plus sous nos sens, les attractions entre les êtres, et qui, pourtant, s'expliquent et se justifient par l'intelligence des âmes.

Oui, vous pouvez calculer ce que le mouvement des muscles dépense de carbone et de phosphore dans l'organisme; oui, vous pouvez évaluer la perte qu'il subit par l'exercice de la pensée. Mais ce n'est là qu'une détermination brute de ces phénomènes, et jamais, si vous ne tenez compte de l'âme individuelle, vous n'atteindrez l'évaluation spécifique, c'est-à-dire propre à l'organisme spécial où vous observez ces phénomènes.

Et ne dites pas que ces éléments de valeur morale sont indifférents à la physiologie.
Vous constatez moins de dépense d'éléments chimiques dans un mouvement machinal des muscles ayant servi à la marche ou à tout autre effort des fonctions de la vie que dans l'acte du même homme qui s'élance pour en sauver un

autre : votre calcul peut être entaché d'erreur au point de vue de la réparation dans l'organisme, car si dans le deuxième mouvement l'effort est plus grand et la perte plus abondante en carbone et en phosphore, comme il est causé p r l'âme, c'est l'âme qui saura mieux y pourvoir pour le réparer.

Et cette pensée qui a coûté à l'organisme tant de phosphore ou de carbone, direz-vous, en excluant la détermination morale, qu'il importe peu que ce soit une pensée égoïste qui, pour la satisfaction de l'individu, sèmera le malheur et la désolation, ou que ce soit une pensée féconde réjouissant les cœurs et illuminant les visages des autres hommes? Vous risqueriez fort de vous tromper dans vos calculs; car si la première, circonscrite dans l'intérêt exclusif de l'être, est moins usante que la seconde, généreuse et prodigue, qui semble une perte folle sans compensation : au point de vue des ressources de réparation que l'être puise en lui-même, quelle différence! La première l'isole et met contre lui l'univers en défiance, tandis que la seconde, toute d'amour et d'expansion, lui gagne les forces sympathiques qui l'entourent, et la confirmation qu'elles apportent lui donne plus de confiance en lui-même.

Que de ressources dans une âme quand certains ressorts sont touchés !

L'âme est donc visible et manifeste dans l'organisme aussi bien que les vaisseaux, les tissus, les nerfs, les cellules, mais de plus elle a une activité latente pour entretenir et réparer incessamment l'organisme.

Pourquoi, dans cet ordre de phénomènes, notre science est-elle si peu avancée ? C'est que nous sortons d'âges fantastiques qui ont enténébré toutes les perceptions de la conscience, et qu'à peine libres de ces erreurs de tradition et de parti pris, nous nous sommes enchaînés de nouveau au témoignage abusif de nos sens qui n'ont qu'une valeur très circonscrite quand il s'agit de la vie de l'âme.

———

Les physiciens savent suivre les forces dans la matière inorganique et disent qu'une force ne se détruit jamais, mais se transforme.

Pourquoi ne pas considérer du même point de vue logique les forces dans les organismes ?

Cette force évolutive, qui construit et entretient l'organisme, doit se convertir également quand elle cesse d'être dans cet organisme. En quoi ? Comment ? nous l'ignorons. Seulement, quand nous voyons pareille force apparaître dans un organisme, est-il logique de dire que c'est un phénomène sans cause et qu'il finira sans conséquence ?

―――

On dit que l'intelligence est le résultat de l'organisation. — Soit. — Mais qui organise ? — Une force. — D'où vient-elle ? — Mystère. — Où va-t-elle ? — Mystère.

―――

L'âme indestructible saura dire le pourquoi et le comment.

Jamais l'humanité n'a douté de revivre que depuis les désastres résultant du christianisme.

Les âges antiques, en divinisant les héros, les inventeurs, les sages, rêvaient d'immortalité pour tout ce qui fut grand, fort, fameux, sans connaître la terreur effroyable des chrétiens qui, pour tout ce qui n'était pas élu, éternisaient après la mort les horreurs d'un monde tyrannique, ses jugements implacables, ses prédestinations arbitraires, ses tortures et ses supplices.

Les naturalistes n'ont eu qu'à regarder la nature pour dissiper les cauchemars atroces des peines éternelles. Mais engagés dans une société, serve de l'Église qui demande à toute opinion un acte de foi ou tout au moins un visa de tolérance orthodoxe, ils formulent la notion scientifique de la force.

Elle nous suffit pour tout fonder.

Il est certes bien commode de croire tout réglé par Dieu, comme font les chrétiens, ou de tout enfermer en cette vie, comme les matérialistes, sans se préoccuper de ce qui suivra. Il n'y a plus de problème, plus de morale qu'en Dieu ou dans le succès.

Plus de problème pour les chrétiens. De là leur mépris, leur dédain des idées et des passions qui agitent l'humanité. Le mouvement de l'intelligence s'arrête pendant que croît toujours l'esprit de domination chez ceux qui se disent dépositaires d'une ordonnance supérieure des choses qu'ils n'ont point à justifier, mais à imposer. Tandis que les matérialistes, ne se laissant jamais distraire par les vaines préoccupations de l'idéal, peuvent se donner exclusivement aux affaires présentes et s'y arranger le mieux possible. Cela crée beaucoup de temps et leur donne des facilités à proscrire l'inconnu, le rêve, les aspirations, cela est commode mais étroit, en dehors des traditions de l'esprit humain qui sont plus larges et plus compréhensives parce qu'elles sont plus inquiètes.

L'homme ne peut se débarrasser des inconnues qui l'obsèdent sans les résoudre bien ou mal.

Nous reprenons les problèmes qu'on avait tranchés à priori, ou qu'on écarte comme inutiles en préjugeant leur solution impossible. Entre les dogmes fantastiques des anciennes religions et les négations désolantes, l'indifférence dédaigneuse de savants modernes, nous n'acceptons point le dilemme. Nous cherchons anxieusement le secret de nous-mêmes.

L'homme qui, pour satisfaire son besoin de savoir, s'expose à erreur, est plus homme que celui qui mutile sa pensée par peur de sa nature.

Après avoir établi l'indestructibilité des forces atomistiques, les physiciens les définissent équivalentes.

C'est en quoi les forces morales diffèrent.

Car si elles sont également irréductibles, elles sont essentiellement distinctes entre elles, c'est-à-dire individuelles, susceptibles de croître, de se développer, de décroître ou de diminuer, puisqu'elles sont intelligentes et volontaires. Elles procèdent d'un principe, essence de toute vie, la Liberté qui implique la déchéance ou le progrès.

Les sciences naturelles présentent dans l'échelle des êtres une variété presque infinie des différents états des forces morales à presque tous les degrés de l'intelligence et de la liberté, depuis le plus faible instinct chez les plantes rudimentaires jusqu'au génie chez l'homme civilisé. Mais à l'humanité la série s'interrompt, le fil se perd. — Quelle évolution lui succède? Nous ne pouvons le percevoir par nos sens. Notre organisation s'y oppose.

L'âme ne peut agir, penser, imaginer que par l'organisme avec lequel elle coexiste. Et bien que sous certains rapports, comme force consciente, elle le dirige, l'exalte ou le modère, l'use ou le ménage, le juge et le domine, elle ne peut s'en dégager assez pour se figurer avec certitude un autre organisme qui remplace l'ancien et dont elle usera.

Car il va de soi qu'à un instant quelconque de

la vie d'un organisme, la liberté de l'âme restant réservée, cette âme ne puisse prévoir exactement quel organisme lui conviendra après l'existence, puisqu'il dépendra comme résultante de l'usage même qu'elle aura fait de sa liberté.

Il y a donc à cela impossibilité physique et impossibilité morale.

Mais si l'ultérieur échappe, l'antérieur permet d'inférer.

Quoi! dans une fermentation abandonnée à elle-même nous verrions plusieurs générations d'infusoires se produire successivement à des degrés toujours supérieurs d'organisation; et ce que peut la force évolutive encore rudimentaire, elle ne le ferait pas pour les développements de l'intelligence et de la moralité!

A dessein, pour revendiquer la persistance de l'âme, nous n'avons procédé que d'axiomes scientifiques sans arguer de sa liberté, l'élément essentiel et distinctif des forces morales, car le caractère des forces morales est d'être spéciales et particulières, de dériver d'une innéité et d'une liberté propres à chaque âme.

Or plus les phénomènes moraux sont libres, plus ils deviennent complexes et prêtent à des appréciations différentes, c'est-à-dire à des controverses.

Il nous fallait une base irréfutable, d'autant plus solide qu'elle est universelle. La notion de la force dans les sciences physiques, l'unité de substance dans la physiologie nous la fournissent. L'âme est indestructible comme force, car ce qui ne se peut nier dans la matière inorganique est également vrai dans la matière organique.

Ce point initial de sécurité immanente, infaillible, suffit pour tous les déploiements de la vie et de la conscience.

Maintenant nous pouvons poursuivre.

La notion de la vie expire à la cellule; l'explication à l'idée de force.

Mais si de la monade à l'homme la diversité des organismes tient à un groupement différent des cellules, l'individualisation toujours croissante implique une idée de force devenant de plus en plus cohésion de forces.

Et pourquoi s'arrêterait-elle à la mort puisqu'elle a surgi à la naissance?

La force ne s'use pas. Elle s'ajoute à la force, a dit Edgar Quinet.

———

Comment! cette pensée qui échauffe, qui illumine la mienne, ne pourra plus se produire! La mort est venue frapper, anéantir ce cerveau qui l'a conçue!

Hier ce penseur évoquait la vie et gourmandait la critique inintelligente qui fait obstacle à l'inspiration. — Et il n'a pu se maintenir?

Cette force qui éveille et qui accroît la mienne, qu'est-elle devenue ? Quoi ! Sa trace serait vivante encore, plus retentissante, plus féconde en moi qu'au premier jour, et la cause qui imprime cette trace se serait évanouie comme une illusion !

———

D'où sont nés les mondes ? d'une nébuleuse.

D'où naît toute vie ? d'une cellule.

D'où naît toute œuvre d'art, poème, composition de peinture, symphonie ? d'un mot, d'une lueur, d'un accord.

Et vous vous inquiétez de la force qui après avoir créé tout cela semble disparaître, quand, sous vos yeux, toute vie, toute œuvre ainsi s'organise et se déploie de plus en plus libre et complexe, pourvu qu'il y ait une force qui s'en saisisse à ce point imperceptible, la sustente et l'amène à ces prodigieux développements.

Et vous pensez que cette force qui d'un rien

invisible a suscité ces productions splendides est en danger parce qu'elle s'en est retirée!

Mais l'enfant s'amuse-t-il toujours au même jeu? Mais l'homme peut-il s'attarder indéfiniment dans un unique instant d'amour, même quand il y perçoit l'infini du bonheur; l'artiste s'arrêter dans une seule œuvre, même quand elle pourra retenir le genre humain?

La force qui le rend créateur le pousse et le renouvelle sans cesse.

Puisque vous n'avez pu apercevoir cette force initiale dans la nébuleuse, dans la cellule, dans la conception de l'œuvre d'art, ne vous préoccupez point d'elle quand elle s'en retire, mais par les résultats concluez que cette force est devenue une cohésion de forces sans cesse accumulées, et, alors qu'elle semble évanouie, qu'elle poursuit ailleurs, sûrement, une évolution que vos sens ne vous permettent pas de percevoir.

A peine une difficulté s'éclaircit, mille autres se lèvent. Poursuivons.

Il est trop facile de conclure à la persistance de la vie individuelle en considérant l'individu en soi comme une force irréductible et libre. Mais pour exister il faut qu'il soit engendré. N'arrive-t-il pas à la vie frappé, comme une médaille, de l'empreinte indélébile de sa famille naturelle, ancêtres, race, sol, climat? En quoi s'appartient cette chose, vivante, si vous le voulez, mais pétrie dans un moule plus ou moins effacé, plus ou moins rectifié, mais dérivant, comme une résultante, de figures et de caractères préexistants?

N'a-t-on pas dit que le caractère de l'individu est le fonds naturel qu'il a reçu de ses ancêtres? N'a-t-on pas borné la liberté individuelle à la sélection d'une certaine variété, la meilleure dans ce caractère fondamental?

Mais puisque l'histoire naturelle montre tous les jours dans les plantes et dans les animaux des aptitudes qui n'y existaient pas auparavant, n'y aurait-il de distinct dans chaque individu qu'une imperceptible cellule, elle suffit pour que sa force évolutive en tire un infini de différences.

Certes l'individu est similaire à ses précédents, et c'est en quoi il exprime la race, l'espèce et la famille. Mais il est *lui*, non seulement parce qu'il révèle ce que les autres ne savaient pas contenir, mais en ce qu'il dénote quelque chose qui n'était pas dans ses ancêtres, qui n'était pas dans sa race et qui échappe à toute influence appréciable. C'est tout simplement par ce quelque chose de distinct qu'il s'ouvre des régions nouvelles, inconnues de l'univers. C'est, en regard des fatalités de l'atavisme et des lois qui enchaînent sa vie depuis sa naissance, un germe d'infinie liberté qui constitue sa raison d'être et sa joie de vivre toujours davantage.

Mieux il accomplit le caractère de son espèce, plus il l'excède et le dépasse.

Voyez les hommes de génie : Gœthe n'est-il pas le plus libre des Allemands? dans sa jeunesse, passionné de l'Italie, dans son âge mûr, se rajeunissant par l'Orient, donnant l'exemple d'un développement continu qui s'alimente à toute littérature, à toute science, à toute expression sociale du génie humain!

Le génie fleurit quand il s'universalise.

La noblesse de ma race commence en ma personne, disait Harmodius.

Que la race décline, que la famille déchoie, que la nation se corrompe et périsse, l'individu subsiste.

Il a en lui un fond solide sur lequel il peut se maintenir au milieu de ce qui s'écroule, protester contre ce qui s'abandonne, revendiquer tout ce qu'on lui enlève, et de ruines et de hontes irrémédiables dont il ne se sent pas solidaire, s'élancer fier et intègre dans un monde d'innocence, de justice, de beauté immaculée, qu'à lui seul, à défaut de tout, il saura refaire.

On a dit : Le caractère c'est l'être. Nous disons : La revanche de la vie c'est d'être.

De même que les éleveurs développent ou atrophient certains organes chez les animaux et les plantes, les positivistes ont presque tari chez les hommes de mon temps les aspirations de l'immortalité : la persistance de l'âme cessant d'être un besoin quand la vie tout entière est ramenée à des sens qui doivent nécessairement périr.

Tarir n'est pas réfuter.

Ils parlent des progrès indéfinis de l'humanité, et ils commencent par tuer l'âme qui la fait perfectible.

La vie telle que la définit la physiologie dans ses recherches dernières est un état continuel de changement avec permanence de l'être. La cellule, cette unité qu'on croyait primordiale, se décompose elle-même en unités, *micelles,* qui, si petites soient-elles, ne paraissent pas homogènes, mais composées de deux éléments, l'un actif et stable, qui vit, l'autre passif, variable dans un état de transformation chimique.

On peut décomposer l'être à l'infini sans jamais constater l'absence de la force.

Le vitalisme qu'on croyait à jamais réfuté se réveille devant ces phénomènes d'analyse ultime insoupçonnés « dont l'essence même reste enveloppée dans un mystère d'autant plus profond qu'il contraste davantage avec les connaissances exactes que nous possédons du milieu environnant ».

Que la science nous montre l'être humain composé de particules vivantes confédérées, si infinitésimales soient-elles, nous ne nous plaindrons pas qu'on multiplie l'idée de la vie. — Il n'y a qu'une impossibilité, le néant succédant à la vie. — L'âme est donc une cohésion de forces d'autant plus centralisée que la composition de son organisme est plus multiple. — Là ces milliards de cellules vivantes ont leur unité et leur direction.

Dire que cette cohésion de forces est fortuite? non-sens; — est créée par une force extérieure, arbitraire? hypothèse que rien ne démontre.

Mais que cette cohésion soit un fait d'évolution volontaire, régi par des lois nécessaires, non seulement chez cet individu mais chez tous les autres? C'est poser la question non plus en dehors, mais dans l'idée même de l'être.

Comment s'est produite mon individualité? Je ne sais. Il me suffit qu'elle soit pour qu'elle ne se dissolve point; que, consciente de son organisation actuelle, elle veuille être toujours plus et jamais moins. La vie n'est pas un recommencement vain et stérile. C'est une instabilité régie par l'idée, la volonté, l'effort. Quand je dis : Je suis, j'affirme que je serai davantage.

La nature est si subtile et complexe qu'on ne peut comprendre la prétention des savants de poser comme seul critérium le témoignage de nos sens grossiers, alors qu'ils ont besoin sans cesse d'être corrigés et suppléés par des instruments, éclairés par une raison supérieure.

Pourquoi l'âme aidée des instruments perfectionnés peut-elle se représenter la composition de l'univers ? C'est qu'elle est elle-même tout un ordre dans une organisation que la science découvre être aussi un univers.

« Il n'y a pas un atome de cette terre qui n'ait été un être vivant, pas une mince goutte de pluie suspendue au nuage le plus dense qui n'ait coulé dans des veines humaines. »

Cette assertion du poète Shelley, la science la démontre : Pas un atome ne périt du corps que la mort désorganise. L'âme seule mourrait-elle ?

Quoi! l'infini ne pourrait s'épuiser dans l'atome, et l'infini moral, l'individu, qui perçoit ces infinis, qui découvre l'univers et le domine par la conscience, seul s'anéantirait!

« Résultante de combinaisons, dites-vous, qui, lorsqu'elles sont dissociées, s'évanouit. Les sens et l'intelligence s'évaporent avec le corps qui se désorganise. »

« D'ailleurs, dites-vous encore, vous ne voyez pas l'âme quitter le corps, vous ne la suivez plus. »

Mais voyez-vous s'en aller, et pouvez-vous suivre où ils se rendent, les corps impondérables, l'oxygène, l'azote, le carbone, etc., qui jouaient ce rôle essentiel dans les fonctions de la vie?

Tant que ces fonctions duraient, l'âme et ces corps, vous pouviez bien les apprécier. Quand elles cessent vous ne doutez point que les gaz ne persistent pour servir, s'il y a lieu, à des fonctions identiques, dans des organisations analogues : Comment douteriez-vous donc que l'âme qui avait pendant la vie cette force d'évolution, de cohésion, de direction, reconnue par les physiologistes, ne la conserve et ne l'exerce après la mort de l'organisme!

L'infini en petitesse est corrélatif à l'infini en grandeur. Chassez-moi de toute substance appréciable, je me réfugierai dans l'atome invisible, et contre le témoignage des sens débiles qui se refusent à sonder ces atomes, mon âme infinie se tiendra à l'aise dans cette irréductible petitesse, comme elle aspirait à se déployer dans les grandeurs de l'univers.

Où est l'espace sans limites? Aussi bien dans l'infinité que dans la vastitude. A un point très circonscrit nos sens ne peuvent plus rien percevoir. Donc ils ne sont d'aucune autorité auprès de la raison quand ils se prévalent de la non-apparence de la vie pour conclure à l'anéantissement de l'âme.

Une science commence qui ne séparera plus la mort de la vie.

Tout est vie.

On meurt pour vivre, c'est-à-dire revivre plus ou mieux. Mais on ne vit pas pour mourir. La mort n'est pas un but mais un moyen transitoire, une évolution nécessaire.

La nature est une appellation idéale de nos perceptions de l'univers. L'individu, une organisation qui se forme, se déforme et se transforme. La vie, un essai plus ou moins heureux. La mort, une dissociation moléculaire, recommencement intégral où la liberté de nouvelles combinaisons devient possible.

L'œuf humain, par sa petitesse à peine perceptible au microscope, fit douter tant qu'il échappa aux recherches que la génération de l'homme s'effectuât d'après les lois normales. Un naturaliste le fit voir, et l'ordre rentra dans la physiologie.

Ainsi de la mort. Alors que, la vie s'arrêtant, il s'établit un courant d'activités différentes, et que par la fermentation il y a effervescence, délivrance au sens propre des éléments de la vie, la mort longtemps ne parut que dissolution et fit horreur. Ce qu'une intelligence plus clairvoyante salue comme une possibilité de recommencement, une révolution de liberté, nous le pleurions comme une fin, une catastrophe.

C'est que la mesure des yeux, insuffisante déjà pour les fonctions de la vie, fait défaut ou erreur quand il s'agit de la scruter à son principe, dans son essence et dans ses évolutions.

Quand la science vous démontre contre vos sens que tous les éléments de la vie subsistent alors qu'elle se dissout et qu'ils ne semblent disparaître que parce qu'ils obéissent à d'autres affinités,
Arguerez-vous du témoignage de vos sens contre la conscience pour nier la persistance de l'âme?

Comment avec nos sens actuels apprécierions-nous la vie future? Elle n'est point leur œuvre. Qu'ils disparaissent, la force qu'ils avivaient reprendra, indépendante. N'était-elle pas avant eux? N'est-ce pas elle qui les a dressés peu à peu à son service? N'a-t-elle pas survécu à leur déclin?

Où sera-t-elle après?

Mais où était-elle avant?

La mort n'est qu'apparence, illusion de nos sens. Pas un atome de l'organisme ne se perd, ne se dissout, ne s'anéantit; délié du lien de la vie, tout retourne à ses affinités naturelles. Ainsi de l'âme : force d'attraction elle était, force d'attraction elle subsiste.

Oui, le triomphe de l'immortalité est la dissolution, laquelle donne un nouvel habitat à l'esprit qui n'en avait qu'un indigne.

Oui, la notion de l'infini dans l'atome permet de loger l'âme, à la mort, dans la particule invisible où elle peut défier toute destruction.

Ainsi là où les matérialistes se riaient des conceptions spiritualistes, et attribuaient la vie dans l'univers à des mécanismes de forces aveugles, nous prenons notre point d'appui pour établir l'individu solide et durable, permanent et libre, conscient et responsable.

———

Si la graine réunit en atomes microscopiques, en outre des atomes émanant des organes qui fonctionnaient dans le végétal, d'autres éléments imperceptibles pour former un nouveau végétal semblable et dissemblable;

Puisque nous comprenons la reproduction chez les animaux et chez l'homme comme l'effet d'une cause inconnue et de la fusion des particules émanant des deux générateurs, douées d'affinités pour se constituer en un organisme à la fois similaire et individuellement distinct,

J'ai confiance que les molécules de mon cerveau qui vibrèrent de toutes mes pensées, qui tressaillirent de toutes mes impressions, plus fortement centralisées par la force qui déjà les réunit et qui saura les compléter, reconstitueront un nouvel organisme ayant en innéités les facultés de mon moi le meilleur et poursuivant une série nouvelle de développements qui m'étaient interdits.

Qu'importe où qu'elles soient, ces molécules, encastrées dans des corps solides, flottantes dans des liquides, volatilisées dans des gaz? rien ne peut les détruire. — Qu'est-ce que le temps pour les réunir! Que compte-t-il devant l'infini de la durée qu'exige l'âme, force infinie dans son évolution!

Je ne suis plus embarrassé de ce que devient mon âme. Elle reste force puisqu'elle était force tout à l'heure.

C'est pour se protéger, s'abriter dans la lutte pour l'existence, que l'individu naît en famille.

Plus tard devenue force plus libre, l'âme s'affranchira de ces fatalités de milieu. N'aura-t-elle pas un monde infini d'atomes, d'atomes affinés, pour s'y choisir une nouvelle demeure indépendante?

Qu'ils soient donc en sécurité ceux qui, voués au bien, n'ont jamais vu la moisson mûrir de ce qu'ils ont semé de paroles fécondes, d'intentions généreuses, d'actes de dévouement! Rien ne se perd de ces germes sacrés. Conçus par un grand amour, ils trouveront un autre plus grand amour qui les fera croître; portés dans une âme énergique, cette âme saura, devenue plus énergique encore, leur faire produire tous leurs fruits.

Il n'y a pas que l'infini physique en étendue comme en profondeur, en immensité comme en petitesse : il y a un infini moral corrélatif en bonté, en intelligence, en solidarité, en justice, en bonheur, en puissance.

———

Affinités chimiques, la plus féconde des découvertes pour rendre raison de la composition toujours changeante, toujours identique de l'univers, et, par le spectacle merveilleux des attractions moléculaires, la plus précieuse ressource pour l'embellir et le perfectionner.

Mais aussi, par une généralisation prématurée d'une science encore incomplète, mirage de laboratoire, présomption de pouvoir se passer de la vie pour la produire.

La chimie organique a ces visées : elle prétend refaire ce qu'elle a détruit, et par la synthèse des éléments reconstituer les organismes.

Parce qu'elle arrive à produire certaines substances des organismes, elle induit que dans la vie les matériaux se font à eux-mêmes l'office d'architecte, et qu'il suffit du jeu régulier et convenablement disposé des affinités chimiques opérant avec la lumière, la chaleur et l'électricité, pour que la vie anime les éléments, mis en présence, qui constituent les organismes.

Mais dans cette synthèse n'oublient-ils aucun élément, ces chimistes ? Peuvent-ils l'affirmer après les mécomptes de leurs analyses les plus rigoureuses, lorsqu'il ne s'agissait que de composés minéraux, qui pourtant ne présentent point les conditions complexes des corps organisés ? L'analyse spectrale n'a-t-elle pas révélé dans certaines eaux minérales la présence de corps, inconnus jusqu'alors, inappréciables à l'analyse chimique? La vie que nos sens armés des instruments les plus délicats ne peuvent saisir isolée de ses organes, ces chimistes la susciteront-ils sans qu'ils sachent ce qu'elle est?

Ils disent qu'« il suffit de conditions purement chimiques, physiques et mécaniques pour produire les corps les plus complexes. » — Soit, à l'état de cadavre. — Mais comme ils ajoutent : « avec toutes leurs propriétés, » — et que la propriété essentielle des corps organisés est de vivre : s'ils prétendent douer les corps recomposés de la faculté de vivre, ils méconnaissent le caractère essentiel de la vie dans tout organisme, l'individualisation.

Cette force propre, spécifique, ne peut se dériver de combinaisons adventives. Dans l'individu est le mystère de la moralité, parce que dans l'être le plus infime, comme dans le plus parfait, gît latente ou se déploie une liberté et une responsabilité infinies. Cette force initiale ne s'usurpe point. La science la contrarie ou l'exalte ; elle peut paraître la tuer en lui infligeant une mort apparente, — mais elle ne la crée pas plus qu'elle ne l'anéantit.

Au moyen-âge et à la renaissance les alchimistes se sont usés à chercher la pierre philosophale. S'ils n'ont pas réussi à faire de l'or et du diamant, ils ont découvert la chimie moderne. Les chimistes aujourd'hui, en voulant produire la vie, trouveront l'art de l'accroître, de la réparer, de l'embellir, de la prolonger.

Guérir nos sociétés de la misère en prodiguant des subsistances inépuisables aux plantes, aux animaux, à l'homme; asseoir sur des bases certaines une éducation, une hygiène, une médecine efficaces, par la connaissance approfondie des lois de la vie dans les organes et leurs fonctions, ce sont des bienfaits que les découvertes de la science nous permettent de pressentir. — Mais prétendre créer la vie de toutes pièces, tant que le principe échappe, l'âme, c'est l'illusion de Faust dans son orgueil immense et dans sa courte vue.

Dans la transmission de la force par l'électricité, comment cette force voyage-t-elle? Nous ne le savons pas. Mais étant donné un arrangement de combinaisons électriques, nous pouvons prédire les effets produits par la force résultante.

Comment agit'l'âme? Nous ne le savons pas. Elle éclate rapide, impulsive. Mais spontanée et libre, toujours elle nous déconcerte.

Espérez-vous jamais qu'en ranimant avec la pile électrique les cellules cérébrales, vous pourrez surprendre cette valeur essentielle qui détermine les phénomènes de la vie, de la pensée, de la volonté, de la liberté?

« Quand deux corps ont de l'affinité, ils se combinent dès qu'ils sont mis en présence, perdant leurs qualités respectives pour en prendre de nouvelles toutes différentes. Lorsqu'une combinaison pareille a eu lieu, si l'on présente un troisième corps ayant de l'affinité avec l'un des deux éléments, il s'en emparera et donnera lieu à une combinaison nouvelle dont l'autre élément sera exclu. »

Ne dirait-on pas que ces lois chimiques résument les tragédies de l'histoire intime que les tribunaux, le roman, le théâtre exposent incessamment sans épuiser jamais l'avidité du public ? drames poignants auxquels chacun de nous assiste près de soi et même en soi, tant les intérêts de famille, les convenances de société, la spécialisation des activités décident arbitrairement de l'éducation, des carrières, des mariages, sans souci des vocations, des aptitudes, des caractères.

Aventures toujours renouvelées de gens qui s'ennuient et s'exaspèrent parce qu'on a disposé d'eux sans les consulter ou qu'ils se sont engagés sans se connaître.

Révoltes de refoulés dans une vie étroite, qui jouent la destinée d'eux-mêmes et d'autres sur une lueur de bonheur précaire; violences d'instincts dévoyés, explosions de facultés comprimées, qui déchirent, brisent ou trahissent des liens déclarés indissolubles; fatalités dans lesquelles on est emprisonné; témérités de l'amour, de la haine ou de l'ambition; frénésie d'appétits déçus qui veulent s'assouvir.

Affinités chimiques, mirages d'une science incomplète qui se passe de l'âme pour reconstituer la vie.

Affinités électives, mirages aussi, chez les avides, les impatients, les caractères faibles, usurpant par surprise la destinée qu'ils ont manquée, substituant la passion à l'effort, le succès à la vertu.

Mais aussi ces surprises, ces entraînements, ces ivresses, ces ravissements à l'occasion de rencontres qui paraissent fortuites, excèdent l'explication d'un hasard banal ou d'usurpations coupables.

Qui saurait l'histoire de ces âmes y verrait plutôt des sympathies perdues qui se retrouvent, des renouements d'amours interrompues, des reconnaissances d'attractions latentes. Météores qui, dans la nuit d'une vie sombre, fondent sur l'existence, l'embrasent et la consument.

Non, ces retours inattendus vers des félicités inassouvies, ces avant-goûts de délices insenties ne sont pas éclairs décevants d'un bonheur chimérique, mais les résultantes logiques et nécessaires de l'histoire de l'âme, d'autant plus inespérées qu'elle était plus veuve, d'autant plus foudroyantes qu'elle était plus avide.

Ainsi, quand après une vie de mérite obscur, d'énergie patiente, de douceur obstinée, un de ces bonheurs inattendus répond à une affirmation qui ne se lassa point, réalise une vision toujours fidèle, il justifie la conscience de l'individu et l'affermit chez les autres.

Mais chez la plupart, en raison du défaut d'équilibre, ces secousses des affinités électives sont accompagnées de troubles funestes, de fermentations dangereuses, de répulsions injustes, corrélatives d'attractions absorbantes.

Parfois des accidents très tristes rentrent dans cette loi des affinités : ce sont les déformations subites et croissantes, les destructions morales des meilleurs, des plus intelligents, des plus grands, produités par tel incident fortuit.

De ces deux personnes qui se rencontrèrent inopinément, l'une était si éclairée, si sagace, si bien défendue par son esprit vaste, son âge et son autorité morale; l'autre si inférieure par son ignorance et la différence de milieux, d'intelligence si terne, d'âme si vulgaire, que ce rapprochement semblait ne pouvoir amener rien de dangereux. Mais si vous aviez réfléchi davantage à la répulsion intime qui vous rendait cette survenante suspecte, et qu'augmentait sa réserve même, vous auriez mieux compris que sa fascination serait d'autant plus funeste qu'elle était plus occulte et que l'opposition était plus grande entre les deux personnes.

Pareils malheurs arrivent aux travailleurs à outrance, aux artistes qui cherchent plus l'effet que l'idéal, aux crédules, aux méfiants, aux naïfs sans simplicité, aux surexcités par système, prenables parce qu'ils s'engouent vite et trahis par une sensibilité maladive.

Dans ces empoisonnements redoutables, les anciens voyaient des sortilèges ; nous y voyons les combinaisons d'éléments malsains, car chez celui qui sombre c'est toujours l'indice d'un vice caché, d'une faiblesse essentielle.

Un symptôme que le mal est irréparable, c'est l'infatuation. Aussi serait-ce peine perdue que de se mettre en travers. Si vous comptiez sur l'homme d'autrefois, si vous adjuriez d'anciennes affections, il ne vous reviendrait que désaveux, reniements et scandales du parjure.

Aucun remède en cette vie. Ce sont des gloires viciées, victimes des infamies triomphantes sur le pilori qu'elles se dressent.

Ces histoires, trop claires, échappent pourtant aux contemporains, indifférents ou occupés de leurs affaires. Mais la postérité n'est point dupe. Elle instruit ces procès avec une rigueur vengeresse.

Tuez, déchirez, écrasez, pulvérisez, exterminez votre victime; déshonorez-la, mentez, trahissez, fraudez, calomniez, surfaites-vous : que reste-t-il ? Votre crime indélébile, votre fraude patente, la manifeste inanité de vos manœuvres.

Assertions souvent démenties par les faits, dira-t-on.

Eh bien! je l'admets : la fraude a réussi, la calomnie a porté son plein effet, le monde donne raison au criminel contre la victime confondue, déshonorée. Personne ne témoigne contre le criminel. Qui le convaincra?

Lui-même. Son agitation le dénonce. Son incohérence l'accuse. Son affolement le dévoile. Le drame a commencé au crime, et il se poursuit d'autant plus terrible qu'il se concentre dans l'âme du criminel.

Mais il est, dit-on encore, des pervers qui n'ont point d'âme. Insensibles au remords, plus ils se sentent coupables, plus ils s'enfoncent dans le crime, défiant la vérité par le cynisme, abusant l'opinion par l'absence de scrupules.

Faudra-t-il, lorsque jusqu'ici nous nous sommes affranchis de l'hypothèse d'une intervention surnaturelle, recourir maintenant à un *deus ex machina* pour le châtiment du criminel que le monde abuse, encourage et honore ?

S'il suffit d'une indivisible cellule pour que la force évolutive en tire un infini de liberté, il suffit qu'un atome subsiste d'un organisme qui fut injustement offensé, supprimé, pour que la revendication toujours voulue, toujours attendue, se fasse un jour, il suffit que l'injustice subie ait été profondément ressentie pour que la revanche couvant dans telle molécule invisible soit amenée à un accomplissement.

Donc, quand on dit que le crime n'est jamais impuni, que toujours il se révèle, c'est que jamais le coupable ne peut anéantir telle molécule qui fut présente, qui fut victime, et qui attend son jour, son heure, son occasion, l'organisme en qui pouvant revivre et sachant parler elle fera éclater le crime un jour pour qu'il soit vengé.

Rien de surnaturel en cela, mais l'empreinte ineffaçable de l'acte coupable, jusqu'à ce qu'il soit légitimement expié.

―――

Pour anéantir le crime, il faudrait anéantir la force qui fut méchamment offensée, la force qui fut méchamment offensante, et l'univers témoin.

―――

Qu'ils sachent, les oppresseurs, les hypocrites féroces qui s'accommodent aux facilités de ce monde pour assouvir leur scélératesse, que les individus qu'ils tourmentent, calomnient, assassinent, ne sont point supprimés; que l'univers recèle permanente la conviction de leur forfait; qu'eux-mêmes, entachés du crime, ne peuvent s'aveugler toujours, mais qu'ils comprendront tôt ou tard combien ils furent cruels, perfides, inhumains, calomniateurs. La persistance des individus emporte la persistance du préjudice comme du remords, et plus l'intelligence croît, plus grandit la compréhension du crime dans la conscience.

Ici ils n'ont plus la ressource d'une religion qui, par une intervention arbitraire, efface instantanément le crime. C'est la justice qui se dresse directe, que rien ne peut fléchir que l'expiation sincère et la réparation effective du mal causé.

———

Rien ne console des lacunes et des défaillances chez autrui comme de se laisser vivre sans trop de révolte contre ce qu'on ne peut empêcher. L'âme sans cesse active est son meilleur médecin dans ces crises, quand elle se confie à la fluidité de sa propre vie.

A l'exemple des forces de la nature qui ne s'arrêtent jamais après les tempêtes, après les cyclones, l'âme, se reprenant peu à peu à de nouvelles attractions, trouvera l'explication de ses désastres et leur vraie solution.

Le temps est le conciliateur, la vie le guérisseur, la mort le redresseur.

D'ailleurs, de quel droit se donner raison et blâmer ce qu'on ne peut comprendre chez les autres? Il est trop facile de leur donner tort en ne considérant que soi. Mais ils ont un droit égal, et pourquoi se sacrifieraient-ils à vos exigences parce qu'ils les méconnaissent?

Dans la jeunesse on veut tout absolument d'une personne et en un seul moment, et l'on s'aperçoit plus tard que tout est une succession de parties différentes et souvent opposées, qui ne se tiennent qu'à l'état de conséquences quelquefois très éloignées.

Nous craignons la satiété, le dégoût, à la pensée de vivre indéfiniment, et plus notre vie est intense, plus elle se renouvelle, et paraît, considérée d'ensemble, par la diversité des impressions, par la multiplicité des attractions, une succession de morts et de vies différentes.

Je n'ai jamais fait, à plusieurs années de distance, la même lecture d'un poème ou d'un roman, le même voyage dans les montagnes ou à la mer, sans lire un nouveau livre, sans voir une nouvelle nature et sans trouver en moi un nouvel homme.

Que serait-ce si à des âges différents j'avais pu me reprendre aux affections, même les plus absorbantes !

Le remède de la vie est toujours le sacrifice; mais il faut s'expliquer : le sacrifice dans une âme rendue capable de le comprendre, de le vouloir, de le faire, intelligente de ses motifs, de ses conséquences, de ses compensations, de ses réparations.

Ne demandez jamais à qui a mis l'infini de son âme dans une personne de se résigner à la perdre, si vous ne l'avez armé à l'avance, si vous ne l'avez habitué à lire dans la nature et dans l'art la leçon de sa propre histoire, si la mort elle-même ne lui est un garant pour sa passion.

Ces problèmes, ces anomalies inconciliables, ces impossibilités qui, comme des cauchemars, hantent l'intelligence humaine, l'âme individuelle ne prétend plus les résoudre d'un coup par un système, une religion, une philosophie. Elle a confiance. Elle ne se connaît plus de barrière.

Elle se sait du temps pour les problèmes sans fond, elle a la durée. Essentiellement relative, elle restera proportion, mais proportion sans cesse progressive, au milieu des nombres, des perspectives, des devenirs de l'univers, guidée par un désir inassouvissable, plus grand que tout ce qu'elle perçoit ou dont on l'accable.

Il y a donc en chacun de nous, en regard des

éblouissements de l'univers, un refuge, où se recueille, se répare, se repose et s'élève l'âme individuelle.

Là se gradue et s'assimile tout ce qu'elle perçoit des fraternités naturelles et sociales, des rêves de l'idéal, soit que l'âme exubérante aspire de partout une vie croissante, soit que, chrysalide, elle dorme, un moment arrêtée, ou se repose dans la mort.

Il n'y a ici ni ravissement ni exaltation d'enthousiasme, mais la réalité toute nue d'une démonstration irréfutable.

La bonne nouvelle que donnent les sciences de la nature réfléchies dans la conscience de l'individu, c'est de se fier à son âme.

Oui, l'âme qui aime, oui, l'âme qui veut le bien, oui, l'âme qui adore le juste partout où elle croit le reconnaître, est sur le seuil solide d'une intelligence souveraine. Qu'importe qu'elle y trébuche, qu'elle vacille, que ses sens, que son infirmité refusent de la suivre ! d'autres plus assurés s'y maintiendront ferme, et elle aussi, un jour.

Tous sont en marche vers la vérité, chacun à son temps, à son pas, à sa mesure.

L'univers est une harmonie progressive.

Plus ses perceptions de l'univers s'étendent, plus les aspirations de l'âme croissent en proportion.

Dans la conception d'une création unique, concentrée sous l'arbitraire de Dieu, le ciel chrétien n'imaginait que la résurrection de l'âme dans le même corps pour contempler Dieu et l'adorer éternellement.

Au sein d'un univers où le mouvement est la loi de la vie, où l'infini s'étend en durée, en étendue, en profondeur, en nombres, en unités et en solidarités, l'âme, pour se perpétuer, veut participer à toutes ces conceptions par une conception adéquate de sa propre vie. A mesure que le jeu des forces de l'infini se découvre, elle se les approprie pour aimer, pour connaître, pour espérer jusqu'à ce qu'elle en prenne possession elle-même.

———

Si nous ne pouvons qu'entrevoir les linéaments encore obscurs d'une vie indéfinie et solidaire, nous concevons du moins le moment où l'humanité, en possession de vérités qui lui assureront sécurité et certitude, se retournera avec reconnaissance vers les libres penseurs qui du sein des âges ténébreux, nouveaux Prométhées, ravirent les étincelles de ces vérités; qui, au prix de l'isolement, de la calomnie, de la persécution, de la folie, de la mort, furent affamés de bonheur pour les autres et restèrent indigents pour eux-mêmes; qui n'eurent de la vie que les angoisses, les amertumes. — Tandis que cette humanité qu'ils enfantèrent du désir, sûre de l'avenir et toute à son œuvre féconde, parce qu'elle agira dans les conditions normales de la vie, n'aura qu'à se laisser vivre en toute allégresse.

Que si alors, en souvenir de ces pauvres grands cœurs, si dénués de leur vivant, elle leur fait large part d'honneur, il n'y aura que justice. Elle, si bien assise sur les fondements sociaux et assurée des développements logiques de la vie individuelle et solidaire, pourra revenir aux inquiets; elle si riche, parce que tout lui aura été donné sans compter, pourra compatir à ceux qui manquèrent de tout sauf de confiance en elle; elle à qui les ressources d'éducation et d'action mutuelles auront fait la vie si pleine, ne marchandera pas l'équité à ceux qui furent incomplets.

Ah! si en attendant ces temps fortunés nous pouvions guérir du doute d'eux-mêmes ceux qui cherchent, ceux qui tentent, ceux qui travaillent, ceux qui aiment, afin qu'ils recueillent saintement leur âme, qu'ils l'écoutent et l'interrogent avec ferveur! Là est le trésor des vérités qui feront à l'humanité la vie si belle!

Aujourd'hui encore, aussitôt que luit quelque rayon de bonheur, aussitôt que notre âme tressaille, nous cherchons anxieusement à y surprendre un éclair de la vérité pour frayer meilleure voie à d'autres, et absorbés dans cette contention, le plus souvent vaine parce que nous sommes malhabiles à percevoir ou à exprimer, nous laissons s'éteindre sans en vivre cette belle lueur, ce bon mouvement qui nous eût fait tant de bien.

III

Du Réconfort dans la Nature

Du Réconfort dans la Nature

———

ARCHIMÈDE disait : « Donnez-moi un point d'appui, je soulèverai le monde. »
Nous avons dégagé un point intime de sécurité, un atome de certitude.
Essayons d'avoir conscience.

———

Le poëte se réfugie dans son poème comme dans un sanctuaire ;
L'obscur, dans sa tâche comme dans l'oubli ;
La femme dévouée, dans son amour comme dans son devoir ;

L'homme qui veut être libre, dans son âme vaste et progressive indéfiniment.

Le moi est la chambre obscure où l'univers se réfléchit dans la conscience plus ou moins sensible.

La mise au point plus ou moins juste varie selon l'intelligence de la vie.

Les hommes sont libres, donc ils sont changeants. Ils nous prennent et nous quittent. Ils nous attirent et nous méconnaissent.

La nature, qui elle aussi se renouvelle sans cesse, ne nous cause point ces mécomptes ni ces délaissements. Toujours prête à notre heure, elle paraît immuable eu égard à notre vie si courte, et sereine à l'encontre de nos pensées instables.

Sérénité de la nature, vrai milieu de l'homme qui veut apaiser son cœur sans se résigner !

Les hommes entre eux se diminuent ou s'exagèrent. La nature nous remet au point.

———

La nature que les religions spiritualistes ont rejetée de leurs systèmes comme l'œuvre du démon, ou qui, tout au moins suspecte, fut tenue à distance comme dangereuse ou dédaignée comme trop vile, est le laboratoire inépuisable et sans cesse actif où se prépare, suivant des lois que la science peu à peu découvre, un toujours nouvel univers.

Laboratoire qui ne chôme jamais — au service de l'intelligent qui s'en sert, au détriment de l'aveugle qui l'ignore.

———

L'homme a calomnié la nature et s'en est fait le malfaiteur.
Il a détruit, gaspillé, laissé perdre ce qu'il ne savait pas voir.

———

Nos sens sont à la taille de l'homme, ramenant tout à sa mesure.

Avant d'être suppléés par le microscope et le télescope, servis par la lumière et l'électricité, rectifiés par une intuition plus clairvoyante, comment auraient-ils compris l'univers ?

Dire que la nature est faite pour l'homme, puérilité d'atome.

Un atome qui pense, c'est la valeur de l'homme au milieu de l'univers, croissante s'il cherche à comprendre, imbécile s'il ignore, malfaisante s'il méconnaît.

Pourquoi les simples y voient mieux que d'autres ? C'est que moins séparés de la nature ils n'y sont point indifférents ou ne se croient pas supérieurs.

Une seule méthode ne trompe pas avec la nature: la bonté.

Tout ce qui vit, exposé aux duretés des circonstances, s'améliore quand lui arrive un peu de douceur, un peu d'accalmie, un peu de paix, un peu de bonheur.

Des trésors de beauté possible existent dans tout être et n'attendent qu'un rayon d'amour qui les éveille.

Comme tous les êtres, les plantes sont avides de bien-être, mais il ne leur profite qu'à très petite dose.

Quand on est bon avec les animaux, ils prennent naturellement les attitudes des enfants, confiants, attentifs.

Mais l'excès de soins les énerve aussi, les gâte, les rend insupportables.

Qui veut comprendre, s'instruise au milieu de ce qui vit. Fatigués et troublés, nous ne revenons jamais à la nature sans nous y sentir rafraîchis, vivifiés, rassérénés.

———

La nature veut être. C'est un perpétuel devenir. Elle suscite la vie parce qu'elle la demande.

———

Elle est saine parce qu'on s'y retrouve dans une jeunesse, dans une innocence, dans un espoir inépuisables.

———

La fleur qui s'ouvre, rit à la vie, invite au bonheur.

———

Les moindres plaisirs de la nature nous entr'ouvent l'infini de nous-mêmes.

———

Ces émotions ne sont jamais profondes et

délicieuses que pour le cœur aimant et l'âme curieuse, qui des horizons bornés d'une vie nécessiteuse sont transportés devant les spectacles sublimes de la nature.

———

La nature ne se lasse jamais d'être belle et féconde. Un témoin lui manque le plus souvent : l'homme, empêché ou aveugle, ne l'est que par hasard.

———

L'impression de beauté est inséparable de celle de bonheur.

Cela explique pourquoi, en dehors de toute idée morale ou philosophique préconçue, les œuvres d'art qui représentent fidèlement la nature sont toujours saines. Elles ne peuvent rendre le beau dans la nature sans produire une sensation de bonheur qui réjouit l'âme.

———

Les prophéties du devenir, cachées au fond de

chaque être, se révèlent à qui respecte et donne confiance.

―――

Confiance, voilà la révélation du mystère.

―――

Inspirer confiance donne droit de connaître. C'est plus que science, c'est conscience.

―――

La nature suit ses lois dans l'inconscience.

En observant ses lois, l'homme la supplée par la conscience.

―――

Dans ces termes la voie est simple, facile et claire : des lois de raison, de justice, de bonté, régissent l'univers.

―――

Je ne fais point de l'utopie, je constate et

j'explique le mouvement contemporain vers la nature.

A l'encontre de la lutte pour l'existence, hasardeuse, violente, irresponsable, il s'essaie par l'étude et le respect des organismes à les comprendre, à les améliorer par une sélection savante, à aider une évolution supérieure, à faire franchir les lenteurs du devenir, à susciter, à sauver les germes d'organismes perfectionnés, qui sans l'homme périraient.

Le respect des faibles a enrichi nos jardins des plus belles plantes.

Telle est la vertu du regard et du travail de l'homme : il modifie, transforme, exalte la nature inférieure ; apprend à se mieux connaître dans ces êtres qui naissent, vivent, meurent, sensibles et impressionnables comme lui, affirmant chacun une personnalité distincte.

La nature nous découvre une immense fraternité. Tout les êtres sont autant de moi, différents et similaires, qui font comprendre à l'individu tout ce qu'il ne peut voir en lui-même. De ce qu'il sent, pense ou rêve, il infère ce que ces êtres rêvent, sentent ou pensent.

Les mystères de l'homme, qui se dérobent aux hommes trop souvent déviés et arrêtés dans leur développement, sont partout visibles dans l'étude de ce que nous appelons la nature inférieure.

Culture des plantes, élevage des animaux, éducation des hommes, applications diverses d'un même art et d'une même science : l'évocation de l'être.

Ce qu'une société plus clairvoyante fera dans un esprit d'harmonie fraternelle avec la nature, nul ne peut le pressentir. Que les hommes puissent être doués de plus de forces et d'aptitudes, que les animaux soient affranchis des fatalités routinières qui les ont fait assimiler à des machines, cela est hors de doute. Les progrès de l'horticulture dans ces derniers temps ont révélé les énergies de transformation que possède tout organisme.

Chaque année, dans mes cultures, je suis émerveillé de voir combien les résultats sont au delà de toute proportion avec la peine. C'est juste le contraire de ce que disent les indifférents et les novices : « Pourquoi se donner tant de mal pour un résultat qui disparaît avec le changement des saisons ? » Et moi, je dis : « Comment la nature est-elle si riche qu'avec un peu de pratique des lois de la vie, on arrive à obtenir ces splendeurs, en pressentir toujours de nouvelles ! »

La nature est infiniment généreuse. Elle est fidèle et sûre. Elle ne trompe jamais. Pour peu qu'elle ait donné raison au chercheur, qu'il aille plus loin logiquement avec confiance! Jamais elle ne retire ce qu'elle accorda. Quand elle manifeste dans un essai de culture des conditions tant soit peu plus favorables pour des organismes, c'est là un indice assuré de nombreux perfectionnements futurs.

L'inépuisable nature donne toujours plus qu'on ne lui demandait.

La science dans ses recherches dernières étend à l'hygiène les intuitions profondes du mazdéisme qui prescrivait la culture intensive.
Elle constate que le puissant agent pour détruire les germes pathogènes est la lumière solaire, et par conséquent la culture intensive qui ramène successivement, incessamment, ces germes à la surface : l'humus, enrichi par la lumière solaire, devient la matière épuratrice par excellence.

Faire servir les forces naturelles à la culture, ainsi se pose aujourd'hui le problème. — Laissées à elles-mêmes, elles dévastent, tandis que dirigées à coup sûr elles substitueront à l'indigence de la routine des foyers inépuisables de vitalité, au surmenage de la fatigue humaine la victoire de l'esprit.

Que celui qui se sent oppressé de pensées amères cultive un jardin. La culture le ramènera à la société des hommes.

Haïr, oui, — mais pour aimer après.

Si la culture a pour but d'embellir les plantes, en les rendant heureuses, la vie en société doit être aussi l'éducation du bonheur.

Vous demandez ce que seront la nature et l'homme dans une meilleure vie? Regardez la campagne, les fleurs, tout ce qui vit; regardez qui vous aime avec une âme joyeuse.

Quand la nature vous paraît si belle, songez à ce qu'est la bonne nature humaine vue à ce regard.

―――

Les choses ne sont plus communes, les personnes vulgaires, au reflet d'une âme qui s'éclaire.

C'est aussi sous ce pénétrant regard que toute perte est momentanée, toute possession durable.

―――

Ils peuvent être prodigues en promesses ceux qui puisent leur assurance dans la logique de l'être.

―――

Comme des passants d'un jour, nous jetions à peine un regard ennuyé et distrait sur l'écorce des choses. Une science et un art profonds commencent : nous sommes associés à ce qui a été, à ce qui est, à ce qui sera.

Coexistant successivement avec tout, l'âme connaîtra tout.

Je retrouve cette pensée dans un commentateur de Pythagore :

« Les mortels sont une race divine à qui la nature sacrée révèle toute chose. »

Collaborer avec la nature, c'est dans une vie transitoire atteindre l'impérissable, avoir toujours plus besoin d'une activité infinie. Qui épuiserait la recherche de la beauté dans la nature progressive ! qui, lorsque cette curiosité est une fois éveillée, pourrait assez la satisfaire ! Celui qui cultive voudra cultiver toujours. Initiation d'un plus grand art : l'évocation des âmes.

Il se sait immortel celui qui se sent contenir en puissance un plus grand bonheur pour l'univers.

Offusqué des ténèbres, blessé des clartés trop vives, l'homme se heurte à tout et tâtonne comme l'embryon. Ses sens suffisant à sa vie animale sont inaptes à sa vie morale qui s'éveille. Il faut que son âme supplée à ce défaut d'organes, transforme sa nature imparfaite, crée incessamment un nouvel homme et commence en lui la conscience du triomphe de l'esprit.

Il n'est demandé à l'individu que de naître à cette vie de l'âme. Tout s'y réchauffe et s'y éclaire : nature, humanité, immortalité. Plus cette vie individuelle est grande, plus son action devient puissante.

Vivrait-il ignoré, les siècles le découvriraient. N'aurait-il jamais écrit, il suffirait qu'il eût parlé; tant sont fécondes et durables les manifestations de l'âme chez l'homme, fût-il le plus obscur !

Chaque jour nous sommes témoins de ces surprises de l'histoire : quelques noms inconnus des contemporains tout à coup surgissent et conduisent l'humanité à ses vraies destinées; tant l'esprit de vie est indépendant des renommées.

L'histoire l'appelle de plusieurs noms : Sagesse antique, Évangile, Renaissance, Philosophie du xviiie siècle, Révolution française, Socialisme;

Sciences modernes. Sous des formes diverses, c'est la nature qui se comprend elle-même, la civilisation qui trouve ses points de repère, l'immortalité qui s'affirme.

Ne cherchez donc point dans des interventions fantastiques le secret des héros qui firent des œuvres surhumaines, le cordial des martyrs, la consolation de ceux qui souffrirent, le rayon de ceux qui aimèrent. Ils eurent conscience d'eux-mêmes et des autres. Ne l'eurent-ils qu'un instant, ils sentirent qu'ils vivaient à jamais.

Ceux qui n'y sont pas nés revivront pour y naître.

Rien n'est perdu pour ceux qui ne connaissent point. Mais tout est gagné à ceux qui sentent leur âme.

L'erreur était de croire cette vie unique. Nous la croyons un moment dans une série infinie d'existences.

On ne demande pas à l'homme de vivre pleinement, mais d'allumer en lui le foyer d'une vie qui ne périsse point.

Le bonheur pour lui est de sentir qu'il aura conscience partout où il ira. Et ainsi il voyagera dans la connaissance comme il a traversé jusque-là les limbes de la vie instinctive.

IV

Conscience de la Vie

Conscience de la Vie

I

PAR L'AMOUR

L faut plaindre ceux qui meurent aveuglés, sans connaître le prix de la vie, sans lui rendre justice.

La vie est meilleure qu'on ne sait, pour peu qu'on en ait conscience.

La vie se passe en vains efforts, en vaines aspirations, en vaines angoisses; nous sommes le jouet d'illusions, sérieux ou affolés, mais toujours déçus. — Et cependant le fond de tout cela est bon, vrai et solide. — Il ne reste rien de nous que de la poussière, un moment déplacée et vite retombée : mais l'effort aveugle qui la souleva a un si lointain contre-coup que, sans pouvoir en apprécier la portée réelle, nous devons en juger avec émotion et respect.

Cette vie n'a pas moins de valeur pour n'être pas unique. Jamais elle ne se retrouvera telle pour l'individu et la société.

Quoi ! tant d'influences préexistantes pour préparer une âme à naître, tant de soins, tant d'aides pour l'amener à croître, tant de difficultés et de souffrances pour vivre, tant d'efforts pour subsister, tant de vertu pour ne pas faillir ! Et tout cela serait rendu vain par la paresse et l'insouciance de l'individu, par l'indifférence ou la méconnaissance de la société ? Quelle impiété !

Les conditions de la vie actuelle ne se recommencent point. Ou bien l'individu s'arrête quand les autres marchent, ou quand ils s'attardent il progresse ; mais tout change incessamment dans la fluctuation des milieux qui se succèdent et disparaissent.

L'amour seul ancre l'âme durablement.

L'amour est un météore. Il illumine l'âme entière.
Il est la vérité, et non la nuit noire qui succède.

L'amour est un météore.
Beaucoup regardent à côté.
Très peu le fixent en face.
Il est durable à qui sait le réfléchir en lui-même.

Être aimé, ce qu'on ne souhaite dans la jeunesse que comme jouissance, est l'épreuve la plus sévère.

Il serait moins périlleux d'aimer.

Aimer sauve de soi et oblige à être digne.
Être aimé est un don gratuit dont on abuse parce qu'on n'en sait pas jouir.

———

Réponse :

Aimer, être aimé sont deux faces corrélatives du rayonnement de la vie universelle sur l'individu.

Il ne serait pas exact de dire qu'aimer sauve de soi, quand c'est la vertu du moi qui lui mérite d'aimer.

Impropre aussi de dire qu'être aimé est un don gratuit. Fallacieuse apparence. C'est la manifestation pour l'individu de la solidarité avec les autres êtres, qui lui présage dès cette vie la félicité infinie. Il n'est encore capable que de cet amour humain, à peine peut-il le soutenir; mais c'est si bien la vérité de son âme que malgré tout il lui reste comme le sourire d'une félicité inaltérable.

Celui qui repasserait sa vie en pleine conscience soutiendrait-il l'idée du bonheur qui lui a été donné et qu'il n'a pas su comprendre ?

Quant au malheur, c'est peu de chose à distance.

De la vie il n'y a à garder que l'amour.

Heureux qui l'a eu, même sans assez le connaître !

Il l'a goûté vraiment, celui qui en a eu la religion plus que la jouissance.

Il doit se féliciter de la vie celui qui a été grandement aimé. Quelles qu'aient été ses fautes et ses défaillances, l'amour l'a connu au vrai.

Quand on réfléchit à ce qui reste de l'amour, l'inventaire est bien peu de chose : quelques paroles ineffaçables. — Car de l'étreinte et du frémissement indicible à ces moments, il n'y a plus qu'un souvenir débile.

Mais quelle intensité de vie reçurent ces paroles pour retenir à de telles distances cette clarté, cette chaleur, cette éloquence toujours plus caractérisée de la personne, car il n'y a qu'elle qui a trouvé ces mots et qui les a dits ainsi ! — Si dans les parcelles émanées de cette âme éclate cette puissance, cette vitalité croissante, comment me persuaderaient les prêcheurs d'anéantissement que cette même personne a pu périr !

Combien certaines paroles prennent de force à distance !

Parce qu'on sait seulement plus tard ce qu'elles contenaient de vérité.

Il en est ainsi des meilleures œuvres du génie humain.

Ce n'est qu'après coup qu'on sait les comprendre.

Quand vous avez reçu l'infini de l'amour concentré dans un mot, ce fut un éclair rapide comme le son de cette parole qui s'est évanoui.

Pour vous convaincre que l'infini vous était donné, il eût fallu que ce mot retentît avec les développements qu'il contenait. Mais plus tard, quand il n'est plus temps, vous reconnaissez votre erreur. Oui, c'était bien l'infini qui vous fut donné, mais alors vous n'étiez capable que de le désirer et non de le comprendre.

Pourquoi le temps ne s'est-il pas arrêté sur certaines heures? Et ce sont les moments où l'on fut le plus impatient qu'il s'écoulât plus vite.

Pourquoi l'âme n'a-t-elle pas compris qu'il n'y avait rien de plus à posséder au delà, que tout lui était donné, et qu'elle n'avait qu'à perdre?

Le bonheur nous vient par gouttes. Dans l'ardeur de la jeunesse aussitôt vaporisées elles ensoiffent d'un désir sans fin.

Plus tard, longtemps après, lorsque la saveur s'en remémore, on s'aperçoit que ces gouttes inconsidérément taries, oui, chacune de ces gouttes, contenaient l'infini du bonheur.

Comment se peut-il que l'infini s'oublie ainsi?

Que de morts successives dans la vie !
Mais morts pour renaître.

La vie est une succession d'aspirations. Il semble toujours que la satisfaction complète viendra, que le vrai bonheur est plus loin, que l'on sera soi-même ce que l'on voudrait être. — Et la mort arrive qui ravit ce que l'on eut de meilleur, et la conscience se fait dans le vide.

Vivre Dieu, je le demande toujours davantage.

Que deviennent, dans les moments les plus

sincères, les plus émus de la vie, les paroles sorties du cœur, les souffles inspirés de l'esprit, les effluves d'amour, les aspirations vers l'idéal, tout ce qui partit du plus profond de l'être?

Si les vapeurs qui semblent se perdre dans l'air en se dilatant vont se déposer ou se réunir quelque part, portées par des courants invisibles, sans que le moindre atome en soit anéanti, — ainsi des expansions de la vie de l'âme : rien ne se perd du souffle expiré d'une poitrine qui aime, et cette force, contenue dans la molécule d'air électrisée, s'en va agir ailleurs ou attendre d'agir, impérissable, éternelle.

Aimer transfigure ce moment de la vie d'une vérité lumineuse. Tout ce qu'on a vu, tout ce qu'on a dit sous cette impression reste empreint du charme, et gagne à distance. — Les moments qui suivent, quelque intense qu'ait été la vie, se subordonnent dans l'ombre, stages préparatoires à l'avènement d'un plus grand amour.

Dans une pièce de Calderon : *La vie est un songe,* on persuade à Sigismond que sa vie est un rêve. Il le croit et se prend à raconter ce rêve; il a été roi un jour. « De tous j'étais le maître, et je me vengeais de tous. Seulement j'aimais une femme, et pour ceci ce n'était point un songe, car si tout le reste a disparu, ce sentiment est encore dans mon cœur. »

Telle l'impression persistante lorsqu'on revient sur sa jeunesse. Quand le passé ne se comprend plus guère, affaires, chimères, préoccupations alors si instantes et maintenant si peu de chose, avoir été aimé et s'en assurer en pleine certitude par des paroles aujourd'hui plus éloquentes qu'alors, c'est se convaincre que l'amour est une réalité qui demeure toujours plus vraie.

La destinée de l'homme est le bonheur.

Combien ils le méconnaissent, les avides qui se croient insatiables !

Il ne faut qu'aimer. L'amour est en soi chose si parfaite qu'il n'a souci que de retenir.

La vie infinie de l'âme se marque moins par le désir d'avoir davantage que par l'impérieux besoin de retenir ce qu'on possède.

Aurais-je tant cherché à me rassurer sur l'avenir, si je n'avais eu incessamment l'appréhension de perdre ?

L'amour n'est pas dans le désir d'un jour.

La philosophie se base sur le témoignage non des sens mais du sens intime.

Ainsi de l'amour qui survit à la personne, éternel dans un mot qui a vibré dans tout l'être, dans un sourire qui l'a illuminé.

L'homme qui aime doit porter ses doutes, ses orages dans l'art, dans le combat de la vie, jamais dans la passion.

L'amour est une religion et s'impose comme telle.

L'union de deux êtres en vue du plus grand bien que l'homme puisse faire à la société par la perpétuité de l'espèce, c'est la prise de possession par l'individu de ses destinées immortelles. Par l'amour il entre dans l'éternité de sa propre vie et il sonde à deux les profondeurs de la solidarité des êtres.

Il y a dans l'amour d'une jeune fille un rêve délicieux qu'il ne faut jamais troubler par les orages d'une passion violente, mais qu'il faut soutenir par de doux ménagements, accompagner de tendresse et de sollicitude. La passion lui fait peur. La bonté, la raison, la magnanimité de celui qu'elle aime encouragent la vierge à devenir femme, amie et mère.

Pour aimer dignement il faudrait une abnégation de mère qui ne se démentît jamais.

L'amour est religion. Voilà pourquoi l'homme aujourd'hui a horreur de l'intrusion à son foyer de la superstition. Qu'il ne violente pas, qu'il ne froisse point, la femme viendra à lui d'elle-même. — Par une initiation diverse mais harmonique à un même idéal, le jeune homme et la jeune fille prendront possession de leur vie sociale en pleine conscience solidaire.

L'amour est vérité, et déborde cette vie.

C'est une prière en train de s'accomplir, interrompue plus souvent par la vie que par la mort.

Aimer et pouvoir se le dire, c'est une vie parfaite, si courte soit-elle.

Quand il vous arrivera l'ineffable bonheur d'être aimé, pensez que c'est la bénédiction de votre être dans l'éternité.

Il n'y a point d'âge pour la vérité.

La joie saine de revenir en arrière est de sentir qu'on l'a quelquefois atteinte. Pourquoi n'y est-on pas resté ? Qu'importe, si on sent mieux qu'on était dans le vrai !

Un homme serait bien fort malgré ses imperfections, qui revivrait les moments où il a touché l'éternel, chez lui et les autres.

Ce ne sont point ces assurances qui manquent, mais la vertu de s'y tenir.

C'est avoir vécu que d'avoir puisé à la vraie vie.

La femme aime, et il lui suffit d'aimer. L'homme veut trop en aimant.

Désirer le trop, c'est la vie.

Le trop est le capital de la vie immortelle.

Trésor sans fond quand la bonté et le génie y puisent pour enchanter la vie des autres. Mais pour soi, si peu qu'il arrive : ou l'on en meurt ou l'on est incapable d'en jouir.

———

La vertu en amour, en amitié, dans les rapports de la vie, est d'éviter l'excès.

Cette tempérance dans l'insatiabilité est confiance en ce qu'on aime.

———

Comment transmettre l'enthousiasme qui m'anime ? — Le respecter assez pour savoir le contenir.

———

Y a t-il rien de plus beau qu'une histoire d'amour avec ses aspirations infinies, ses illusions et même ses lacunes ! Tout y est, même les justifications d'après coup. Voilà pourquoi jamais la curiosité humaine ne s'en lasse.

L'amour est vérité.

Même quand il avorte en ce monde par notre malheur ou notre mesquinerie, il dure comme une prière, comme une promesse d'immortalité.

La tendance pour l'homme est de s'universaliser. Il cherche la vie en surface, et il se trouve que sans s'en rendre compte, à un certain moment, en un certain point, il a touché l'éternel, l'infini de l'amour, l'infini du bonheur. Il a beau mourir à tout le reste, par ce point où il a touché à la vraie vie, il lui semble qu'il renaît plus dégagé, plus clairvoyant, plus sincère, plus pur, plus jeune.

Les infortunes décident de la valeur des âmes.

Les défauts de caractère sont les causes cachées des malheurs qui stérilisent.

———

Quelle rancune de la vie apporte-t-on donc avec soi pour qu'on regimbe ainsi contre le bonheur quand il arrive, et qu'on n'accepte pas simplement ce qui n'est que facile ? Se nourrir d'amertume, empoisonner ses meilleurs moments par le soupçon ! — Ah ! les malheurs imaginaires plus redoutables que les malheurs réels parce qu'ils sont insensés !... L'injustice de nos ancêtres nous a rendus injustes pour nous-mêmes, injustes pour les autres.

Comme objectif de la vie il n'y a que la vertu. Le reste est une illusion de la peur, un mirage de l'ignorance.

Comme moyen il n'y a que la bravoure et le désintéressement. Tout calcul égoïste est un piège où l'on engouffre son bonheur et celui des autres.

———

Que les malentendus sont peu de chose à distance, et qu'il fut vain d'y appuyer! Ils tiennent le plus souvent à ce que l'on n'eut pas assez de foi l'un dans l'autre, et à ce que notre pusillanimité grossit des difficultés qui s'évanouissent d'elles-mêmes.

———

La lumière ne se fait dans les âmes qu'en consumant les milles passions mesquines.

———

Les clairvoyants disent de ce monde malgré toutes ses imperfections : c'est un empire de raison. Les âmes magnanimes nous font entrevoir que cette raison est une bonté supérieure.

———

Il n'y a qu'une règle de conduite : la magnanimité.

Les explications complaisantes de nos défectuosités, les circonstances atténuantes qui nous excusent toujours trop vis-à-vis de nous-mêmes, s'effacent avec le temps pour la conscience. A distance il n'y a que l'âme qui compte. A-t-elle été forte ? A-t-elle été bonne ? A-t-elle été désintéressée ? A-t-elle été brave ? A-t-elle vu clair ?

C'est là notre jugement dernier, mais non sans appel.

Qui voit au delà apprend la magnanimité sans phrases.

Les origines de toutes les fautes, de tout le mal qu'on fait à soi et aux autres, plongent dans une conception de la vie fausse et égoïste.

C'est une fausse conception de la vie que d'attendre trop des autres.

Comment n'y voit-on pas plus clair ? Façonnée par tant de générations serves, mon âme fut passionnée, mais elle ne fut pas juste.

Nous avons été en amour ce que nous sommes en politique. Nous vivons dans l'anarchie. Ayant rompu les anciens liens de religion et d'autorité, nous nous sommes sentis libres, et cette liberté n'a été qu'une cause de malheur parce qu'elle était le désordre.

Faut-il regretter le passé? Le passé est mort, et quand il veut nous ressaisir, il nous fait justement horreur.

Qui revient sur soi-même trouvera qu'au foyer domestique, il a eu les angoisses, les doutes, les chimères, les blasphèmes d'Hamlet, de Werther, d'Othello, de René. — Pourquoi? — L'âme se sentait sans frein, avide immensément, elle avait les dérèglements, les écœurements d'une soif immodérée. Elle voulait l'amour inépuisable et ne savait point le rendre possible. Elle demandait aux sens l'infini de la jouissance, et devant l'inanité des satisfactions sensuelles elle brisait l'idole et cherchait ailleurs. Qui n'a commis l'adultère en pensée?

―――

Nous avons tous en nous un Hamlet, sans les raisons de Hamlet. Nous navrons qui nous aime le plus.

―――

Les maladies de l'âme, qu'est-ce qui en guérit ?
Un idéal supérieur.

———

Quand on mésuse de la vie, on oblitère les facultés qu'on n'est pas digne d'avoir.

———

Les hommes de ce siècle ont eu la passion de l'infini, mais n'ont point connu la raison de l'infini. Inassouvis, ils ont rejeté la coupe sans y bien regarder.

———

Le XIXe siècle fut l'ère des avides, le drame coupable des épris de l'idéal qui méconnaissent les dons de la vie réelle qu'ils ont près d'eux et en eux.

———

Les esprits de lumière ont été les plus désespérés de ce temps parce qu'ils ont le mieux vu le vide de leur âme. Ils se sont adonnés à toute science, à toute histoire, à toute critique, à toute érudition pour tromper leur âme.

Presque tous ont versé dans la médisance. — Anecdotiers incomparables des saletés, des taches, des petits côtés de l'histoire, surtout contemporaine, comme s'ils se rehaussaient par là. — Et au moment du recueillement, les plus inamusables.

———

La liberté ne vaut qu'en raison de la discipline qu'on s'impose.

———

On n'a pas une croyance, on la fait.

Vous avez des désirs infinis, en avez-vous l'énergie ?

Vous voulez retrouver ? En avant !

———

Vous dites que vous vous êtes trompé ? — Prouvez que vous ne vous trompez plus.

Vous dites que vous avez été pusillanime, vous n'avez pas fait votre devoir. — C'est juste.

— Mais le faites-vous, votre devoir? Où est votre courage? Avez-vous plus de constance?

———

Le manque de mémoire compense en partie nos défectuosités.

Quand plus tard on retrouve des paroles émues et profondes qu'on n'a pas retenues, c'est qu'on ne les avait pas bien comprises.

Oublier dégage pour faire mieux comprendre.

———

Il est sain de s'arrêter à un moment du passé. Tout est mobile dans le monde. En revenant au passé, nous méconnaissons le présent, nous exagérons le passé, quelque bon qu'il fût, nous le douons des virtualités qui sont maintenant en nous et qui l'excèdent.

———

On se trompe toujours quand on raisonne sur ce qu'on n'a pas fait et qu'on aurait dû faire. Car on ne peut apprécier ce qui en fût résulté dans la solidarité qui nous lie aux autres.

Tout ce qui nous appartient, c'est de nous demander ce que nous sommes devenus, et d'agir en conséquence.

Les gens pratiques ont la notion exacte du possible.

Discipline féconde dans une éducation qui ouvrirait les grands horizons de l'idéal !

Une éducation basée sur les destinées immortelles de l'homme pourra seule aborder ce problème : savoir occuper son âme.

Il faut élever pour la liberté. Le malheur des éducations trop entourées de sollicitude c'est qu'elles n'arment point contre la contradiction des circonstances. — Et la vie n'est que le contre-pied de nos visées égoïstes ou imbéciles.

Les plus bornés, les plus étroits paraissent

quelquefois avoir raison et s'être trompés moins que les autres. Et ce semblant de succès les pétrifie à toujours.

Sans y penser, nous engageons souvent notre vie à la fatalité.

Les habiles ne font point de ces fautes. Mais ils le savent trop, et comme ils y mettent leur orgueil, ils ne voient rien par delà.

Tout est tâtonnement et mêlée confuse en ce monde. Nous sortons de l'incohérence, et nous sommes incohérents.

Nos assises : solidarité, harmonie, on les imagine dans l'art, on les refait après coup dans sa vie. On entrevoit, mais on ne possède point cette société meilleure.

La vie ne se compose que d'entreprises manquées, et l'on s'en console avec d'autres qui manquent.

Si l'on regardait bien dans les choses humaines, on verrait que le plus souvent nous ne tenons que par habitude aux situations d'où nous arrache le cours fortuit des événements.

L'absurdité de restreindre une âme infinie à une vie bornée se marque à l'intérêt que nous prenons aux choses qui l'excèdent.

Tout ce que l'homme peut demander dans une pauvre vie, si manquée qu'elle soit, c'est de finir fort de ses fautes.

II

PAR LES SOLIDARITÉS

C'est le propre des âmes aimantes d'attribuer aux autres l'infini de leurs sentiments.

Les hommes de génie nous enseignent ce que vaut une âme. Prodige, non ; mais réalisation possible de la nature humaine. Que serait l'histoire de l'humanité sans ces âmes lumineuses? Un épisode anonyme de la vie de la terre sans point de repère, comme les temps préhistoriques.

Si, chez les plus grands, nous retrouvons nos infirmités, souvent grossies par contraste avec leurs facultés excellentes et sublimes, ce sont lacunes d'éducation, effets logiques de passions sans contrepoids, blessures des adversités, inconséquences résultant d'un manque d'équilibre, mais non défectuosités inhérentes à la supériorité.

Et sans monter si haut, qui peut calculer l'imprévu d'une âme, dans sa virtualité propre ou dans ce qu'elle peut inspirer à d'autres ? Tel devient Job sous le fouet de l'infortune ou ressuscite comme Lazare à l'évocation d'un Christ. Tel pauvre idiot dont l'âme est plongée dans la nuit suscite des prodiges d'amour et de dévouement qui réchauffent un monde.

Voilà pourquoi toute vie est sacrée. Dans la situation la plus terne, au moment le plus désespéré, à la dernière minute, un rayon peut venir qui réveille, vivifie, transfigure cet être jugé, fini, perdu.

C'est l'immortalité visible dès cette vie, qui

condamne notre justice pénale et dément nos appréciations imbéciles.

———

Il y a des âmes lumineuses qui naturellement rayonnent.

D'autres naissent altérées de la lumière et la boivent jusqu'à ce qu'abreuvées elles la réfléchissent.

Les premières brillent et éclairent. Les secondes charment et retiennent.

———

Les âmes lumineuses sont des phares qui guident les obscurs à travers leur voie.

Rencontrer une de ces âmes au début de la vie, c'est être introduit parmi les esprits de lumière.

La ferveur près d'une âme qui rayonne allume la conscience.

Conscience, fruit de la contemplation passionnée et discrète, récompense d'une vie qui a plus senti que joui !

Regard clair, parole claire, irrésistible attrait pour les passionnés de lumière !

Tel regard de jeune fille qui a éclairé les yeux encore incertains du petit enfant, l'émeut plus tard devant les vierges de Raphaël.

Telle parole de sa mère qui a résonné juste, claire et forte, lui prélude par avance la tonalité ample et saine des symphonies de Beethoven.

Tout se prépare, se rejoint, s'accorde et s'explique plus tard.

Notre intelligence est tissue aux influences, aux impressions les plus diverses. Et il en est d'impérissables. De sorte que pour nous anéantir il faudrait non seulement venir à bout de notre force individuelle mais nous arracher aux solidarités qui nous rattachent à d'autres.

———

Toute vie reçut son talisman d'une impression furtive ressentie dès l'enfance.

———

L'attention timide et concentrée de l'enfant donne la mesure de ce que sera plus tard l'intelligence hardie et expansive de l'homme.

———

Écouter qui l'on aime, se taire et réfléchir en soi, voilà la félicité.

———

Qui a entrevu la lumière la voudra toujours plus forte.

Avidité fatale, que de fausses lueurs mènent souvent aux abîmes !

N'importe ! Qui dure comprendra.

Quand votre cœur saigne pour avoir cru trop naïvement, trop passionnément à ce qui vous semblait l'appel de votre vraie vie, laissez patiemment s'écouler l'illusion sans chercher à la retenir, ne récriminez point, attendez tout du temps. Un jour, vous comprendrez.

———

De tout temps les âmes douces et contemplatives n'ont excité nulle pitié. Dans *Macbeth*, Malcolm répugne à se défendre, et, se refusant à emporter de haute lutte la victoire de la vie, il se résigne à périr. C'était alors un malheur d'avoir une âme si elle n'était vaillante, armée, dangereuse aux autres.

Ainsi de notre temps. Il faut se faire place par intrigue, savoir-faire ou camaraderie. Qui ne prévaut ou ne se range dans une catégorie est vaincu d'avance, calomnié, rebuté, hors cadre.

On ne meurt point des difficultés de cette vie, on meurt de ses déceptions.
Tâchons donc de nous armer d'un grand cœur.

Comment s'acquiert la conscience ?
Au risque d'en périr.

Il faut plus de foi pour se résigner que pour s'obstiner à se tromper.

Les sceptiques sont des crédules, car ils se laissent aller aux apparences.

Les idées humaines, aussi bien que les passions humaines, le plus souvent ne sont qu'un mirage, mais on n'arrive à la vérité qu'en les traversant.

Qu'ils se rassurent ceux qui en avançant les voient s'évanouir! L'âme est ainsi faite que toutes ses entreprises ayant échoué, elle se retrouve plus religieuse, sans religion, — plus intelligente après ses erreurs, — plus capable d'aimer après ses déceptions.

―――――

La vie nous donne le spectacle des désastres de notre ignorance.

La conscience, en les expliquant, déjà les répare.

―――――

La vie guérit la vie.

―――――

III

LA VIEILLESSE

Eh bien, oui, je suis arrivé plus loin que je ne pensais. Ma vie s'est prolongée au delà de mes espérances. Mais ai-je atteint le but que je poursuivais haletant, sans regarder autour de moi, rien que devant moi?

Non, le but fuit encore, comme il fuyait quand, plus jeune, je voulais l'atteindre, et je n'ai plus la même force d'impulsion.

C'est donc que cette vie ne peut réaliser rien de ce qu'on voudrait, qu'il faut s'en contenter comme d'une route toujours nouvelle, toujours changeante, qui ne mène qu'au delà?

Avec cette conviction, il conviendrait de moins se presser, de mieux regarder, et de comprendre que si cette vie vaut moins en elle-même, dans ses réalités possibles, elle vaut davantage en virtualités qui la dépassent. Dominer la vie, ce n'est pas la mépriser, mais l'estimer plus qu'elle ne vaut aux yeux du vulgaire.

La vie est l'école de la vie, à condition de revivre. Autrement, à quoi servirait l'expérience ?

Aux jeunes il manque le plus souvent une stabilité, une lucidité suffisantes pour asseoir et rassembler leurs perceptions vacillantes. Comme une flamme toujours secouée par de forts courants qui l'alimentent ou la contrarient, notre âme semblait précaire alors, près de s'éteindre. Toujours agités et avides, nous n'eûmes que des lueurs.

Il eût fallu moins se hâter et s'ajourner, sentir qu'on durerait, en attendant savoir occuper son âme, pour moins douter, agir davantage, se calmer soi-même en travaillant pour les autres.

Quand le moi a crû trop vite d'un développement hâtif, disproportionné avec le milieu, ou il succombe ou il se fausse s'il ne vise à un grand but, même indistinct.

Notre vie impatiente, avide, toujours en course, toujours en hâte, semblait ne devoir jamais monter assez haut, arriver assez loin.

Et à peine nous arrêtons-nous par le ralentissement de l'âge et regardons autour de nous, que l'infini que nous cherchions dans une course folle nous enveloppe de toute part. Tout plus beau, tout plus grand, tout plus profond. Et notre inquiétude se change en sécurité à mesure que les horizons de l'univers reculent et se déploient.

L'évolution normale c'est de sentir son âme immense à mesure que l'infini se découvre.

Ouvrir à sa conscience l'avenir illimité, sans vains regrets pour ce qu'on n'a su ni réaliser ni comprendre, c'est faire de la vieillesse le plus bel âge de la vie, le couronnement de l'œuvre humaine.

La vieillesse est l'apaisement naturel des passions et l'harmonisation des énergies de la vie.

Mais on n'apaise point ce qui est éteint avant l'âge. On n'harmonise point ce qui ne fut jamais assez énergique pour surmonter une peine, une difficulté, un embarras.

Voilà pourquoi il faut se maintenir digne de sentir et de comprendre. Car ce n'est qu'ainsi qu'on juge un jour ou l'autre de la bonté qui est dans le monde et qui nous entoure.

Dignité et clairvoyance c'est tout un. Il n'y a pas à s'inquiéter de ce qui en résulte.

Ils se trompent ceux qui pensent que la vieillesse est une période de défaillance.
C'est mieux que l'harmonie des acquisitions de la vie, c'est l'évolution lucide qui fait pressentir les évolutions futures.

Alors s'explique pourquoi la vie est sacrée, pourquoi dans l'éducation il faut éveiller la personnalité qui doit accomplir ces évolutions.

La scène du monde où elle s'est déployée a été son école.

Son énergie, la cause de ce qui suivra.

La vieillesse est sereine, moins parce que les passions et les besoins s'y modèrent que parce que tout s'y éclaire d'un rayonnement d'infini.

Parce que les sens s'affaiblissent, il ne faut pas en inférer que les désirs deviennent médiocres. La vie de l'âme plonge au delà.

En dépit des sens usés, l'âme reste vierge.

Dans le rêve elle se retrouve neuve pour d'autres délices insenties de l'amour.

Les physiologistes constatent à l'examen des cerveaux après la mort que, chez la plupart des hommes, des facultés sont restées sans emploi, que leur vie eût pu être plus complète.

Ces facultés cachées qui s'éveilleront un jour seront capables d'un amour plus vaste et plus jeune.

La progression naturelle de la vie est que toujours la nature s'y embellisse, et que les intuitions du génie se comprennent davantage.

Chaque homme a dans sa propre vie plusieurs générations d'hommes qui, lisant le même livre, considérant la même nature, y découvrent toujours un sens plus profond, des beautés toujours nouvelles.

La faculté poétique augmente vers la fin de la vie, non pour exprimer mais pour sentir l'inexprimable.

La sincérité avec soi-même, quand elle a laissé des traces, juge la vie. Elle prouve que la ferveur et la gaieté sont encore ce qu'il y eut de plus intelligent et de meilleur. Et comme la conscience de la vie la rassérène en la complétant, elle donne tout son prix au trésor que chacun peut amasser pour ses derniers jours.

Tout n'est pas qu'amertume dans le monde pour le vieillard dont les sens s'affaiblissent :

Être témoin de ceux qui s'ignorent, répondant de ceux qui cherchent, garant de ceux qui luttent, voir confirmer par des jeunes ses meilleures pensées, gardées dans le secret du cœur, puiser sa sérénité dans ce que la vie reste belle, bonne, féconde pour ceux qui restent : ce sont des impressions délicieuses qui jettent un dernier sillon de lumière sur l'existence la plus obscure.

Il est aisément désintéressé celui qui sent n'avoir rien à perdre, puisque à mesure que ses facultés de vivre en ce monde le quittent, il sait mieux voir et comprendre. Il peut se détacher, celui qui sent pousser ses ailes !

Donner un lien aux bons moments de la vie, c'est déjà la sentir immortelle. L'harmonie consiste à réunir tout ce qui s'est produit de juste, de vrai, de beau. C'est la jouissance de la vieillesse de trouver ces concordances.

Cette continuité a pour corollaire une vie sans fin, indéfiniment augmentée, enrichie et soutenue par les vies auxquelles elle fut tissue et qui la fécondèrent. Dans une solidarité si complexe, comment démêler ce qui fut ou ne fut pas individuel, lorsque le bonheur consiste dans le bonheur des autres et qu'il est impossible de le sentir sans reconnaître qu'on fut pour une certaine part dans ce qui nous réjouit chez eux?

IV

L'AU-DELA

Je ne m'aventurerai pas dans l'inconnaissable. Les inductions de la science et de cette vie suffisent.

Que l'analyse spectrale nous montre des mondes composés des mêmes éléments que la terre, bien que dans des conditions variables;

Que la science admette l'éther comme l'unité de substance, dont les particules infiniment subtiles produisent par leurs groupements de plus en plus complexes soit des atomes de matière, soit des cellules animées d'où évoluent végétaux et animaux;

Que dans chaque atome de matière il y ait une force, que dans chaque cellule animée, si infinitésimale soit-elle, il y ait une âme ;

Que trois groupes d'entités constituent l'univers :

l'éther, les forces et les âmes,

le mystère reste l'individualisation de la particule initiale de l'organisme.

Quant à l'évolution de l'organisme, c'est un fait intime de l'être, plus ou moins actif, plus ou moins volontaire, plus ou moins intelligent, plus ou moins conscient selon la cohésion des forces dont l'âme dispose.

Puisque les découvertes des inductions électriques démontrent que tout dans l'univers n'est que modalités de l'éther, le milieu subtil, imperceptible à nos sens, qui sépare les mondes et où naissent les mondes,

Nous nous réjouissons que tout ce qui existe, âmes et corps, soit ramené à l'unité de substance, certains par là que nous échappons à ce qui est infailliblement périssable et que nous nous déployons libres dans l'univers infini.

Ces mêmes savants qui ont défini la substance unique, l'éther, et les forces qui en résultent, selon que les ondulations de l'éther varient, électricité, lumière, chaleur, laissent les âmes à la métaphysique, par déférence, disent-ils non sans ironie, pour l'ancienne théologie.

Quelle clarté les théologiens apporteront-ils à l'explication des âmes, quand ils n'ont rien su voir dans la nature ?

A leur défaut, sans chercher à expliquer la vie dans son principe qui nous échappe, nous déduirons de l'identité initiale entre tout ce qui existe trois axiomes scientifiques, assises de l'âme humaine, garanties de sécurité, de liberté pour ses développements futurs :

1° Si pour l'éther et les forces qui régissent la

matière, rien ne se perd et tout se transforme, il en est ainsi pour les âmes. Donc elles sont immortelles, et c'est leur identité de nature avec la matière qui fait de leur éternité la démonstration irréfutable.

2° La nature ambiante devient un milieu sympathique que nous ne pouvons étudier sans nous comprendre nous-mêmes. La nature n'est point indifférente à l'homme, c'est la courte vue du savant qui les sépare et les distingue.

Le monde physique et le monde moral sont régis par des lois similaires : la raison qui préside aux phénomènes naturels s'appelle dans les actes libres justice et bonté; science de la nature veut dire aussi conscience de soi.

3° Puisque la force animique coexiste dans un organisme avec des particules de l'éther, il va de soi qu'elle participe des caractères propres des forces de l'éther dont elle dérive.

La lumière, l'électricité, la chaleur ne traversent-elles pas les espaces interstellaires, circulant librement dans les mondes et hors des mondes?

Quelle impossibilité y a-t-il à ce que l'âme qui

fut humaine échappe aux conditions humaines, à la terre où elle vécut ?

La pensée, émanation de l'âme, n'est-elle pas une force aussi expansive que la lumière, la chaleur et l'électricité ?

Pourquoi l'âme serait-elle plus circonscrite dans son domaine ?

———

Cette immortalité n'est-elle pas déjà considérablement réduite, dans la conscience intime de quelques-uns, à la survivance de l'âme dans ceux qui viennent après nous ?

Chacun de nous mourant avec une accumulation de forces plus ou moins grande, parfois énorme, ces forces ne profitent presque en rien à nos survivants.

En quoi la vie de l'individu sert-elle à l'humanité future ?

Il semble qu'on n'ait jamais remarqué qu'à peu de résultats près il ne lui en reste presque rien.

Par la génération nous transmettons à nos enfants de nos virtualités dont ils s'accommodent librement : Mais nos acquisitions postérieures à leur naissance leur sont pour ainsi dire étrangères. Le fruit de notre vie individuelle, qui ne mûrit guère que de quarante à soixante ans, ne semble nullement destiné aux générations nouvelles.

Dira-t-on que tout cela subsiste dans notre œuvre sociale, dans le travail matériel, intellectuel et moral, où chacun de nous s'est spécialisé plus ou moins obscurément? Mais ces traces de notre passage en ce monde marquent trop insuffisamment ce qu'il y a d'essentiel dans l'activité de notre âme. Le plus souvent ce qu'elle fait de meilleur reste ignoré. A plus forte raison ces traces ne révèlent ni nos aspirations, ni nos énergies latentes encore enveloppées dans notre être. A la mort, l'individualité, le mystère de notre force, disparaît du monde, comme pour s'en séparer encore plus qu'elle en fut isolée pendant la vie.

Dans les vies normales qui atteignent à la vieillesse, ne dit-on pas que l'âme déjà n'est plus de ce monde parce qu'elle s'épure, s'éclaire et se spiritualise !

Comprendrait-on que les âmes lumineuses des Raphaël, des Shakespeare, des Mozart, des Gœthe, des Beethoven, dont les œuvres dépassent ce monde, puisqu'il lui faut des siècles pour les étudier et les comprendre, reviennent s'enchaîner aux conditions humaines ? Le milieu où ils revivraient aurait-il donc progressé à leur mesure ? Où serait le public assez au point de leurs œuvres encore plus sublimes ?

Les âmes ne s'attardent pas à l'humanité qu'elles dépassent. Elles ne sont plus serves de cette terre, mais forces libres dans l'univers.

Les microbes de la décomposition des êtres restent à la terre et s'y conservent à l'état de spores, les uns cherchant à reconstituer les organismes, les autres à les détruire, cellules germinatives d'êtres supérieurs ou monades prêtes à recomposer des vies inférieures.

Mais l'âme qui nous anime, pas plus que l'électricité, la lumière et la chaleur, ne reste attachée à la terre. Elle circule dans les mondes comme dans les espaces interstellaires.

Elle laisse à ce monde le résidu de nos vies écoulées et nous porte libres dans l'univers infini.

La vie humaine vaut-elle qu'on la revive ?

Vaine question, relative à chaque individu.

Le progrès de la vie consiste à la dominer, à la comprendre.

Certes, dans la plupart des existences, si l'on ne consultait que soi, le plus souvent la vie humaine paraît misérable, défectueuse, insuffisante ; c'est un fardeau trop lourd qu'on a hâte de rejeter.

Mais dès qu'on sort de soi par l'amour, on s'oublie et on ne souhaite qu'une vie où l'on aime. Au prix de ce bonheur d'aimer, tout le reste est accepté.

Donc peu importe où qu'on aille, pourvu qu'on soit utile, pourvu qu'on aime. Partout l'infini, partout l'instruction, partout le bonheur. Il est libre de se renchaîner à nouveau celui qui a senti pousser ses ailes, sûr maintenant qu'il pourra les déployer.

Il n'y a pas à prévoir. Chaque moment du temps enfante en nous un nouvel être.

———

Qu'importe que cette terre soit détruite un jour, si tout ce qui aime sait s'en affranchir et va ailleurs poursuivre ses destinées indéfinies !

Ce qui semble à nos conceptions infimes la destruction, la décomposition, la mort, un sens plus véridique y reconnaîtrait la résultante d'une évolution accomplie, l'avènement d'une vie supérieure.

Si l'âme humaine a vaincu la mort dans l'individu, elle peut la vaincre dans les mondes.

———

La conscience de la vie c'est la liberté de l'âme.

———

Mais la liberté n'est qu'un moyen. A quoi bon l'âme s'ouvrirait-elle les régions qui lui sont interdites, que servirait-il à cette particule d'éther de recouvrer, au sortir de la vie humaine, ses facultés essentielles d'origine, de pouvoir circuler incompressible dans tous les mondes, si elle devait traîner avec elle ses doutes, ses misères morales, sa cécité? N'a-t-elle pas tout déjà près d'elle, dans cette vie, l'air libre, un foyer inépuisable de forces : lumière, chaleur, électricité, la nature féconde, les hommes, des âmes comme elle, autant d'infinis à connaître, à aimer, et qu'elle sait si peu comprendre?

L'âme, dans cette vie humaine, mûrit inconsciemment un fruit qui lui paie toutes ses peines, toutes ses aspirations : la certitude.

Qu'une lueur de certitude apparaisse : beauté de l'enfance inconsciente, elle charme tous les regards; vérité de l'amour, elle enflamme l'âme d'un transport indicible; pénétrante bonté, elle voue aux autres, même inconnus, ses énergies sans compter; passion de la science, elle découvre le monde et soi-même; ferveur de l'art, elle déploie des forces secrètes qui bouillonnent dans un cœur d'homme pour l'idéal; sérénité du vieillard, elle ne regrette rien des passions mortes, des projets avortés de la vie qui se ferme, parce qu'elle voit tout se rouvrir.

Où que soit l'âme consciente éclairée de la certitude, toute vie lui sera nouvelle.

Qu'elle revienne même ici-bas, elle comprendra ce qu'elle ne sait pas voir aujourd'hui :

Comment, dénués de tout, même des satisfactions de l'intelligence, du cœur, des hommes vivent bons, secourables, toujours meilleurs;

Comment, dans les conditions les plus humbles, les plus méprisées, les plus condamnées, on trouve des trésors de bonté, de raison, de magnanimité;

Comment meurent les martyrs, comment se trompent les méchants, comment vivent les simples, comment s'éclairent les hommes de génie.

On voit le génie qui perce, qui éclate, qui se déploie; mais celui qui se cache, qui se restreint, qui se voile pour mieux se dévouer, pour mieux se donner, qui l'a soutenu ? la certitude.

———

Je comprends maintenant pourquoi, lorsque j'ai perdu ceux qui me furent les plus chers, devant leur mort arrivée, en présence du fait accompli, irréparable, qui accusait l'anéantissement sans espoir, je vis mon angoisse déchirante se calmer. Je ne m'expliquais pas encore pourquoi. Mais je ne doutais plus. Une certitude instinctive me pénétra de sécurité.

———

Dans une vie précaire, avec une intelligence bornée, j'appelle sécurité, se sentir dans un univers sympathique, si juste à connaître, si bon à aimer, si inépuisable, qu'un mot, qu'une lueur, qu'un effluve, qu'un regard, d'où qu'il vienne, calme, enchante, confirme tout l'être.

Notre certitude c'est la possession assurée du devenir.

———

Transfigurons donc de cette lumière de certitude la science qui nous a affranchis, l'art qui nous a consolés, touchons à ces ressorts toujours sensibles, à ces énergies latentes toujours prêtes, dans l'âme humaine.

Et si suscitées en moi, comme par hasard, sans méthode, sans préparation, elles ont créé par intermittences, à la fin d'une courte vie, un nouvel homme, une nouvelle conception de l'univers, une nouvelle manière de sentir, voyons ce qu'elles pourraient faire dans des âmes conscientes.

V

Expansion de l'Individu

Expansion de l'Individu

I

VERS LA CERTITUDE

LA SCIENCE

OMME l'embryon, nous flottons dans l'inconscience. Rêves, intuitions ou cauchemars.

Mais sitôt que la science dissipe ces brumes, sa lumière guide, affermit la raison, et découvre des horizons que le rêve n'avait pas soupçonnés.

La science a banni la terreur de ce monde.

Plus d'arbitraire, plus de fantasmagorie, plus de miracles.

Des lois sereines mais inéluctables.

Rien sans cause. De la cause à l'effet une logique inflexible, dans des circonstances variables, avec des résultats toujours modifiés par l'imprévu des prémisses, la complexité des incidences, l'influence des milieux.

Les mathématiques sont la trame des phénomènes dont pas un n'est identique à un autre. Celui qui cherche à comprendre est en sécurité.

A mesure que s'emplit d'infini l'univers comme l'atome, tout se résout par la raison pure.

———

La science c'est la nature se connaissant elle-même par des méthodes que tous peuvent vérifier.

Il n'y a pas à lutter contre la science. Elle ne

discute pas. Elle s'impose, calme comme les lois de l'univers qu'elle découvre.

La science nous associe les hommes qui nous ont précédés et les hommes, nos contemporains, pour nous aider à voir et à comprendre l'univers et nous-mêmes.

De sorte que la science constitue entre les hommes une tradition bien autrement légitime que toute religion révélée, et une communion autrement vivante que celle des églises dont les dogmes sont fixés. Ses vérités se découvrent incessamment et sa synthèse essentiellement progressive se construit indéfiniment de tous les travaux qui s'accumulent et s'expliquent les uns les autres.

Atome imperceptible perdu dans cette grande construction qui s'élève, fourmi qui charrie son grain de poussière pour les ciments ou les mortiers, sa parcelle de bois ou de fer pour les échafaudages, l'individu s'arrête le plus souvent à l'analyse, incapable de synthèse.

Le savant est trop occupé de ce qu'il voit, de ce qu'il cherche directement, pour tenir compte suffisamment des autres problèmes. — De là l'indifférence ou la défection qu'on rencontre trop souvent parmi les savants dans les questions religieuses, sociales et politiques.

La science moderne, en jetant par-dessus bord tout ce qui dans l'homme échappe à nos méthodes d'investigation, s'est crue plus libre et dégagée dans ses allures. Après avoir eu tant à pâtir de la théologie, elle entend n'en être plus dérangée. Quand elle a tout à observer et à découvrir, elle ne veut point se laisser distraire sur des questions métaphysiques mal définies.

Les théologiens l'ont bien senti. Après avoir vainement cherché à l'étouffer dans ses prémisses, ils veulent en usurper les conclusions, se tenant, disent-ils, dans ce que la science ne peut ni expliquer ni comprendre.

Vain refuge. Notre âme affranchie par la science outrepasse leur théologie.

Les matérialistes sont des ouvriers énergiques qui font un travail utile, mais qui déraisonnent quand ils en parlent. Ils ont beau enfler la voix et crier à tue-tête que seuls ils voient clair : leurs assertions ne trouvent qu'un médiocre crédit. On s'en méfie comme d'infirmes. Il leur manque un flair, l'essentiel, le sens de l'âme qui est celui de l'invisible. Leurs actes sont honnêtes, leur vie laborieuse, leurs travaux persévérants, leurs théories indigentes. Respectables comme savants, ils ont l'âme pauvre.

Ils disent que l'expérience est le seul guide sûr. En effet, l'expérience démontre que cette science toute d'analyse et de description extérieure des phénomènes, à laquelle ils veulent nous réduire, et qui pour rester dans son programme doit s'interdire la vaine curiosité des problèmes de l'âme, abandonne l'immense majorité des hommes à l'ignorance, à la superstition, à l'abjection. Toujours menacée elle-même dans sa raison d'être, elle ne verra jamais l'avènement d'une démocratie durable.

A l'encontre, les mystiques sont des visionnaires plutôt que des voyants. Inaptes au travail humain, ils parlent à priori de ce qu'ils ne peuvent pas suivre. Ils n'ont aucun des tempéraments de l'expérience. Ils osent par ce qu'ils imaginent.

Ils passionnent des impatients et des avides, et n'ont d'autre action sur les masses que par la traînée de poudre du fanatisme. Rien ne les arrête pour renverser une société, mais jamais ils ne l'assoient sur des bases viables. Natures parfois sublimes, toujours immodérées, les mystiques sont les pires conducteurs d'hommes.

La science n'est ni matérialiste, ni spiritualiste ; elle est exacte.

La grandeur de la science est de tenir un compte rigoureux de tous les phénomènes.

Pourvu que le savant soit sagace et véridique, ne vous inquiétez point qu'il sache ou non faire servir ces phénomènes à un plus grand accroissement de la vie sociale.

L'explorateur s'attaque aux glaciers, aux sommets neigeux inviolés, et ne s'attarde pas aux courants qu'ils alimentent.

———

La science trouve des axiomes. Un axiome scientifique est un accroissement d'intelligence, de raison, de conscience, de sociabilité.

Les religions unissaient les hommes par des symboles où l'idéal se retrouve sous des figures, la science, par des formules où la vérité s'impose à tous.

———

On n'est jamais un grand savant sans idéal. Il faut avoir l'intuition pour découvrir. Il ne suffit pas de bien voir, il faut voir juste où personne n'a vu.

———

A ces savants qui ne veulent entendre que de certaines facultés humaines, parce que ce sont les seuls outils dont ils se servent, il n'y a qu'à rappeler leur science même, née et développée d'un nouvel aspect des choses vu et constaté par des âmes indépendantes.

Les savants qui eurent la perception de vérités fécondes, les artistes dont les œuvres reculèrent les horizons de l'idéal, devraient toujours dire comment ils firent. En retrouvant quelque chose de la ferveur de leurs découvertes, ils communiqueraient le tressaillement de la vérité dans l'homme et enseigneraient la voie qui mène au delà de leurs œuvres.

Les plus vives audaces des sciences pures, les plus intimes pénétrations des phénomènes de la vie, les plus grandioses descriptions de l'univers laissent l'âme froide tant qu'elle ne sait s'en aider pour agir, pour aimer, pour se déployer plus libre.

On dit que la science guérit du mystère. — Le mystère, le plus grand charme humain des choses et des personnes, car l'impression du mystère pour l'âme, c'est l'intuition de la beauté infinie dans les manifestations inconnues, c'est le pressentiment de ce que l'âme n'a encore ni éprouvé ni senti, et qu'elle est avide de percevoir.

Oui, la science guérit du mystère quand elle mène à la vérité, car alors à une espérance indécise elle assure une acquisition permanente, et ainsi elle vivifie en satisfaisant inépuisablement cet appétit sublime de connaître.

Mais la science qui tarirait les curiosités de l'âme, parce qu'elle substituerait une réalité indigente à une attente ineffable, est une science menteuse qui déçoit mais qui ne guérit pas du mystère.

On a dit aussi que la science guérit du rêve.
— Le rêve, l'instinct de ce qui n'est pas, le songe de ce qui devrait être, la mélancolie de ce qui ne peut être.

C'est comme si au prisonnier auquel l'air et l'espace sont mesurés, on refusait le jaillissement de la pensée libre, protestation muette contre ses entraves, expansion du captif vers le ciel sans limites.

Qu'y a-t-il eu de meilleur dans l'humanité que le rêve?

Est-ce que le bonheur passé n'est pas un rêve?

Est-ce que le bonheur présent, pour exister même, ne rêve pas d'avenir?

Est-ce que le bonheur inattendu qui tout à l'heure va fondre sur l'âme et lui entr'ouvrir l'univers infini, n'a pas été rêvé comme impossible?

Pourquoi les anciennes peintures prennent-elles à chaque époque, à chaque génération successive, une signification nouvelle ? C'est que dans ce regard, dans cette attitude, dans cette vision particulière d'un temps disparu, ces artistes déposèrent leur rêve indéfini.

Pourquoi cette musique des maîtres nous émeut-elle ? C'est qu'elle est la voix de leur rêve qui éveille le nôtre, rêve d'amour, rêve de fraternité, rêve de liberté, rêve d'adoration, et que notre âme, vibrante avec cette musique, étreint du désir tout ce qu'elle peut rêver et qui ne peut s'avoir.

Et pourquoi de tous les aspects de la physionomie humaine cette figure rêveuse nous attire-t-elle surtout ? C'est qu'abstraite à elle-même et aux autres, elle s'est envolée par le rêve et que le signe le plus noble de l'âme c'est de dépasser sans cesse ses conditions et ses milieux d'existence.

La science qui laisse tant entrevoir dans le peu qu'elle affirme, qui, pour une question qu'elle paraît résoudre, soulève tant de problèmes, encourage le rêve, elle aussi, en montrant un univers infini comme champ d'expériences à une âme également infinie mais ne disposant pour le percevoir que d'une organisation bornée.

C'est sur la base solide de la science acquise que l'âme s'élance vers les régions invisibles de son désir.

———

Le désir appelle la réalité et la fait.

Une grande pensée est une cause créant des actes qui seront causes eux-mêmes.
En ce sens les sages et les penseurs sont les bienfaiteurs de ce monde, l'évoquant et le justifiant sans cesse.

Ainsi l'intelligence de la vie tend à créer les organes qui lui manquent.

Il suffira de la pratique du microscope pendant un temps plus ou moins prolongé pour que les yeux, se conformant à ces perceptions, acquièrent une acuité plus pénétrante que n'ont jamais eue nos ancêtres et que nous n'avons pas nous-mêmes.

Qu'ils se rassurent ceux qui ont cru plus à leur âme qu'à leurs sens grossiers.

Les plus merveilleuses découvertes modernes ont pour facteur l'invisible.

Qu'on transporte dans un laboratoire de physique un homme qui, sans instruction préalable, n'admettrait que le témoignage de ses sens. — Comment comprendrait-il la photographie, l'analyse spectrale ? Les procédés de la lumière lui échappent.

Comment dans le téléphone, le phonographe, suivrait-il les vibrations d'une membrane, se transmettant à distance, aussi bien que, dans le télégraphe électrique, les ondulations de l'électricité sur le fil ? toutes choses non perceptibles à nos sens et qui ont déjà conquis la terre.

Ce que les yeux ne pouvaient voir, les causes de l'infection purulente aux suites des opérations chirurgicales, les microscopes en ont assuré la guérison, parce qu'ils en ont découvert les agents.

Ce que des procédés de culture ne pouvaient à grands frais obtenir, la fixation de l'azote atmosphérique, l'emploi des microbes le facilite sûrement.

Ces applications scientifiques entrées dans l'usage commun, se dérobent comme un mystère. Nos sens constatent les résultats, mais ne s'aperçoivent pas des forces impondérables qui les produisent : affinités chimiques, électricité, chaleur, lumière.

Donc il est impropre de dire que la science guérit du mystère, puisque, loin de le nier, elle le constate, elle le prouve, elle l'étend; que la science guérit du rêve, puisqu'elle le dépasse sans cesse.

Donc l'âme que ses résultats manifestent est une réalité évidente bien qu'invisible.

Quand la science en fait la démonstration par analogie, c'est pour faire appel aux forces latentes que les organismes renferment et ne savent pas contenir.

Il en résulte que les hérésies scientifiques, le magnétisme animal, les suggestions, l'hypnotisme, la télépathie, abandonnés jusqu'ici au charlatanisme, au spiritisme, rentrent légitimement dans la science.

L'homme n'a plus peur de la nature, n'a plus peur de l'homme, de ses énergies occultes et mystérieuses, naguère la terreur ou la superstition du vulgaire, le scandale des ignorants, les railleries des savants.

Tout ce que les religions et les systèmes ont voulu proscrire devient légitime. C'est ce qui les dépasse, c'est ce qui les convainc d'erreur, d'oppression, d'inanité.

Tout ce dont les savants ont entendu s'abstraire, ce qu'ils croient supprimer pour n'admettre que la certitude, c'est ce dont ils ne tiennent pas assez compte, courbés sur ou sous leurs instruments, dans le champ rétréci du phénomène qu'ils observent.

Leur science est méconnue du plus grand nombre, parce qu'enfermée dans une école, dans un laboratoire, dans une phraséologie, elle n'est pas en relation avec les énergies complexes de la vie universelle.

Voilà pourquoi, au lieu de se faire à sa langue, de se plier à ses méthodes, de se circonscrire à ses formules, des hommes libres aiment encore mieux le rêve, la fantaisie, le caprice, craignant de se restreindre lorsqu'ils veulent déployer leurs ailes.

Mais il arrive alors que ces hommes, pensant, vivant à part du monde, agissent à côté, produisent à vide, quand ils ne sont pas réputés dangereux ou persécutés pour leur liberté même.

———

Plus on infuse d'infini dans le monde, plus on infuse de liberté, mais aussi de patience, de circonspection et de tolérance à l'égard de tout ce qui peut se changer ou s'improviser d'un coup.

Et les ailes vers la vie infinie ne se gagnent que dans les pratiques d'une âme immense, enfermée dans une existence bornée, et qui dans une science spéciale est d'autant plus scrupuleuse qu'elle est plus insatiable et ne néglige rien pour mieux saisir la vérité.

Vagues, stériles, inertes sont les qualités de l'âme, si elle n'a touché terre, si elle ne s'est incorporée pour mieux étreindre.

Aussi est-ce dans les régions obscures et silencieuses que s'élabore la pratique intelligente des sciences.

Croyez-vous que lorsque ces travailleurs deviendront libres, les plus utiles, les plus fécondes applications des sciences, instruments d'association, de relation entre les hommes, demeurent le monopole d'âmes étroites, qu'elles servent comme aujourd'hui au despotisme, à la guerre, à l'écrasement des libertés individuelles ?

Toutes les soifs, toutes les libertés iront à la

science, non pour opprimer l'âme, la dessécher ou la proscrire, mais pour y fonder l'éducation nouvelle, la réforme sociale.

La science ouvre à notre activité l'univers sans limites.

Elle vaincra la guerre en la rendant impossible et absurde par ses moyens perfectionnés d'extermination.

Elle nous délivrera du meurtre en pourvoyant à notre nourriture d'une façon moins atroce par les ressources de la chimie.

Par la nourriture inépuisable, par le chauffage, par l'éclairage à discrétion, elle fournira à l'humanité les moyens de combler les injustices sociales.

Par la locomotion aérienne, elle procurera à l'instruction et à la sociabilité des champs inexplorés, des ressources sans bornes.

Les découvertes de la science ne sont que des explosions collectives de vie morale. Elles éclatent toujours à l'avènement d'un nouvel ordre social.

La vapeur n'eût pu avoir ses applications avant la révolution de 89.

Les découvertes que nous pressentons seront corrélatives à un mouvement social tout autrement profond et universel.

Le socialisme s'est borné jusqu'ici à la répartition plus égale des jouissances. S'il ne s'agissait que de faire occuper la place des privilégiés par un plus grand nombre de deshérités, ce seraient toujours les procédés du monde où nous vivons.

Nous attendons un programme d'idéal d'où sortira une nouvelle évolution de l'humanité.

A chaque conception de la vie, la science répond. L'esprit trouve toujours à se satisfaire au sein de l'inépuisable nature.

II

VERS L'IDÉAL

L'ART

Que l'homme altéré des sublimités, des profondeurs et des mystères dans les choses ou les personnes, que la science ne découvre pas assez vite, les demande à l'art.

L'art s'inspire des tressaillements passionnés de l'âme et les fixe dans une œuvre qui les fera comprendre.

Prière, mysticisme, adoration de l'invisible, élancements vers l'inconnaissable, sentiments aujourd'hui méconnus dans le désastre des anciennes croyances, et qui, renfermés dans l'âme, la dessèchent et la consument;

Fiertés, orgueils, dédains, chastetés, indépendances altières, qui, muets, exaspèrent et ne veulent se confier;

Ambitions, enthousiasmes, ferveurs, tendresses, amours qui ne peuvent se dire, excès passionnés que le respect des autres et de soi-même comprime, mais qui, refoulés, brûlent et dévorent;

Toutes les effervescences sont au large dans l'art qui ne vit que du trop.

L'art les reçoit, les accueille, les transforme pour en faire des œuvres saines, fortes, secourables, de bonté, de grandeur, de désintéressement. Et l'ineffable jouissance de l'artiste, parmi les lenteurs, les insuffisances de l'exécution et les déceptions du résultat, c'est de s'excéder lui-même dans cette œuvre, douloureuse à lui, bienfaisante aux autres.

Que celui qui veut se venger de la vie étroite et de l'indigne fortune à laquelle il est borné;

Que celui qui fut calomnié et trahi et veut une vraie revanche;

Que celui qui dédaigne les succès et veut une gloire plus grande;

Que celui qui a les puissances de dominer les hommes et qui les respecte trop;

Que celui qui a savouré les amertumes de vouloir trop, d'aimer trop;

Que les ardents, les impatients, les méconnus et les robustes abordent les œuvres inconnues d'un nouvel art.

Des épreuves de ce qu'ils valent sont là pour les tenir en haleine :

La conception capricieuse qui fond à l'improviste mais ne se commande jamais, l'exécution rebelle, la science sans complaisance, la difficulté de se satisfaire, l'anxiété sans réponse de faire sentir ce qu'on a senti soi-même.

Mais qui aura trouvé pour tous comme pour lui-même vivra, mieux, il fera vivre.

Ce sont là les vraies jouissances de l'immortalité en cette vie, de conquérir aux autres leur part d'idéal.

Jamais l'art ne s'avive si bien que des angoisses d'une âme refoulée sur elle-même, et ces œuvres restent d'autant plus fécondes et inspiratrices qu'elles fournissent à nos propres sentiments des voix passionnées concordantes.

Avez-vous manqué votre vie, n'avez-vous réussi à rien selon le monde et selon vous-même ? Appliquez-vous à faire une œuvre si désintéressée et si bonne que l'on y puise le bonheur dont vous étiez digne et que vous n'avez pas eu.

Voilà la revanche que vous avez à prendre avant de mourir, des lacunes et des déceptions de votre vie.

Sait-on quand on touche juste pour les autres ?

Un moyen sûr :
Se vouer à une œuvre sincère et n'en attendre rien pour soi en ce monde.

L'art instruit la vie à l'idéal.

Que la vie y apprenne le désintéressement !

La nature mène à l'art.

Vous cherchez la nature ? Tout est art, disait Voltaire.

Bacon disait : L'art, c'est l'homme ajouté à la nature.

Quel reflet l'art recevra de l'homme se sentant éternel !

Quand une société se pénétrera de la certitude

que l'âme est indestructible, que l'humanité est sûre de ne rien perdre de ses efforts vers la vérité et la justice, il y aura à ce tressaillement de bonheur comme un nouvel aspect de l'univers. Plus de contradiction entre l'art et la vie. L'idéal se réalisera dans la nature. Ce ne seront plus les laideurs apparentes, les souillures voyantes, le côté périssable, la tache, la tare qui frapperont et retiendront l'artiste, mais ce principe essentiel, plus ou moins caché, plus ou moins visible, de vie éternelle, d'innocence inaltérable, de réhabilitation nécessaire, de rajeunissement inépuisable, de virtualités possibles que l'art aura à dégager des réalités actuelles. La beauté latente de l'univers émergera dans sa beauté visible pour se manifester indéfiniment, et les œuvres des artistes refléteront le ravissement de l'âme individuelle et collective devant cette aurore de la vérité dans les personnes et les choses.

Cette renaissance ne se fera pas comme elle se fit au moyen-âge par l'imagination populaire.

Elle se fera par toutes les forces du monde,

par les penseurs libres qui du fond des temps la préparent, par les savants qui, victimes de la phraséologie technique, restent à part de ceux qu'ils doivent affranchir, par tous ceux qui s'ingénient et recherchent la beauté, par tous ceux qui découvrent les virtualités de la nature, par tous ceux qui, épris de la justice, poursuivent l'amélioration sociale.

Elle se fera par toutes les forces sans emploi, par le besoin de trouver de nouvelles formes, de nouvelles idées, de nouvelles paroles, par l'exaspération de l'ennui, de la monotonie et du dégoût pour ce qui a été vain et stérile.

Tous y sont appelés, les blasés comme les enthousiastes.

Ce ne seront plus des fantaisies, des rêves, des folies, mais des conceptions de la vérité, aussi variées, aussi imprévues, aussi légitimes que les diversités de l'âme individuelle, dans l'émulation de trouver dans le réel son idéal personnel avec son cortège de surprises et de ravissements.

Qu'on ne craigne point que les artistes aient à se faire philosophes. Plus ils seront attentifs, fidèles, passionnés dans la représentation exacte des personnes et des choses, mieux ils en atteindront le caractère, l'essence, et par là éclaireront le devenir dans la réalité présente.

Qu'on juge des développements de l'art à naître par la richesse de ressources qu'a fournie à l'art des derniers siècles une simple légende. Insatiablement la Renaissance prit, reprit dans la Sainte Famille, la réhabilitation de l'humanité méconnue en y associant la nature proscrite, et sur ce thème équivoque — car était-ce le Christianisme, était-ce le naturalisme qui se trouvait glorifié ? — des artistes de toutes les écoles, peintres et musiciens, guidés par un sûr instinct de la beauté, par une passion croissante de la vie, produisirent pendant trois cents ans des œuvres qui nous enchantent encore.

Maintenant ce n'est plus par l'effet d'un miracle, par la miséricorde d'un médiateur, que l'homme et la nature se conduisent. L'âme vit par elle-même et ne se sent plus mineure. Rien ne peut la protéger et l'avancer qu'elle-même. C'est elle qui se diminue ou s'arrête. C'est elle qui se fait croître. A elle seule d'ouvrir par son insatiable passion de connaître, de sentir, d'aimer, les curiosités de l'univers. A elle d'en trouver l'expression. L'art à naître sera une prise de possession de l'univers dans une explosion de liberté et de sécurité victorieuse.

L'art nouveau sera un rédempteur, éclairant d'infini ce qui paraît incurablement borné, irréparablement condamné, affrontant avec bonté les laideurs, les déviations, les arrêts de développement, considérant l'horreur même avec le sang-froid d'une science compatissante, non plus avec une imagination affolée.

Art de toutes les manifestations de la pensée, aussi bien d'éducation physique que d'éducation morale, dont les méthodes ne seront plus générales, indistinctes, mais secourables à chacun, lui étant appropriées.

Ils trouveront la mesure, la pratique individuelle, ceux qui discernent en chaque être une force propre, indéfiniment modifiable et perfectible dans ses affinités complexes.

Art souverain, aussi fécond, aussi inspirateur pour l'artiste, pour l'éducateur, qu'il sera efficace et réparateur pour celui auquel il s'adresse, et pour ceux, plus nombreux, qu'il aura atteints sans les connaître.

Art suprême d'évoquer dans tout ce qui existe la beauté infinie, avec l'assurance que rien n'y manquera, sauf de sentir et d'exprimer assez.

Cette vision de l'univers par l'âme humaine consciente constituera la renaissance de l'art.

Tous les instruments sont prêts. Il ne manque

que des âmes au point. Plus elles seront différentes, plus la compréhension sera diverse et produira de nouveaux aspects de l'univers.

Pour l'âme consciente, la lumière, ondulations du libre éther qui traverse les mondes, embellit et transfigure les objets terrestres des clartés de l'au-delà.

O regard humain si doux et si puissant! si profond que mon âme s'y plonge comme dans une mer lucide pour y sonder les mystères du devenir!

La peinture et la sculpture fixent par la figuration et le relief l'âme des personnes, la caractéristique des choses.

La musique la fait entendre.
Elle est le plus inspirateur et le plus émouvant des arts, parce que ses vibrations sonores, ryth-

mées comme les battements du cœur, retentissant dans toutes les particules de l'être, éveillent, accordent, harmonisent les âmes partielles qui constituent l'organisme.

Si une membrane qui fut vivante vibre sous la parole, le chant, l'orchestre, on conçoit quels tressaillements ces vibrations produisent dans l'organisme vivant.

L'œuvre d'art où l'âme se retrouve en concordance harmonique révèle les joies infinies de la conscience.

Mais l'art austère de la parole reste le refuge de l'homme qui n'a plus à compter que sur lui-même.

L'art individuel par excellence, c'est le style. Il n'emprunte aucun prestige des sens. Émanant directement de la pensée, il va droit à la pensée.

C'est l'âme qui parle dans sa langue à elle. Quand elle la fait douce, forte, émue, généreuse, il n'y a pas à s'y tromper, c'est que l'âme fut telle. Tout se lit dans le style, même ce qu'on n'a pas su ou voulu dire.

Qu'ils redoutent cet art ceux qui ne sont pas sincères !

Le mot est un cristal qui scintille de tous les feux dont on l'éclaira, mais qui, gardant sa transparence, laisse voir si l'eau mère fut trouble ou pure.

Mais pourquoi une figure? C'est l'art direct de la pensée, immatériel comme elle.

———

Il n'est pas de mystère si impénétrable qui n'ait été entr'ouvert par l'intuition d'une âme sincère, — et c'est là le trésor sans fond que lègue à notre recherche avide l'esprit inspiré, le cœur passionné qui s'exprime chez les poètes. Mot, cri, lueur, où se retrouve une vérité infinie quand ils prennent une valeur de concordance avec les découvertes de la science qui les justifient.

———

Il n'est pas de pensée juste et féconde qui n'ait été pressentie, exprimée dans les œuvres des hommes de génie.

Shakespeare, Gœthe, Beethoven sont les plus suggestifs pour la conscience.

———

Deux contrôles pour une pensée :
La retrouver chez un homme de génie,
La retrouver en soi après coup quand déjà on l'exprima dans son premier jet — et la retrouver agrandie maintenant qu'on entrevoit mieux le vrai sens des choses.

———

Dans les œuvres des hommes de génie, nous lisons couramment les mystères qui nous échappent en nous-mêmes.

Pourquoi si peu les comprennent? Quand ils lisent, ils ont l'âme ailleurs.

———

Les facultés cachées qui sont au fond de notre être et qu'éveillent les œuvres du génie révèlent à notre destinée des solidarités plus vastes.

———

Les fatalités de l'atavisme pèsent sur les artistes comme sur le public.

Les nobles n'ont trop souvent dans leurs archives que meutres, parjures, félonie et luxure. Leur nom les écrase comme un remords. Ils naissent rivés au passé.

Les roturiers n'ont derrière eux qu'oppression, travail sans trêve, douleur et misère. Parias du bonheur et de la liberté, ces humiliés restent serfs. Ils n'ont pas d'ailes.

———

« Le beau est affreux, et l'affreux est beau. »
(Les Sorcières. *Macbeth.*)

La laideur de la bourgeoisie, c'est qu'elle singe au lieu de conduire en avant.

Comme la bourgeoisie manque d'idéal, elle n'a pu donner à notre démocratie l'art qui évoque, l'intelligence qui élève, l'amour qui transfigure.

Nos artistes ont regardé les fermentations humaines avec partialité pour ce qui meurt, avec haine pour ce qui veut être.

A force de s'en tenir aux côtés périssables de l'homme, l'art n'a plus compris ni l'homme, ni la société, ni la nature.

Notre littérature porte toute sur le plaisir physique, un paroxysme, et sur la mort, qui reste une énigme. Tout dénouement heureux finit par un mariage, tout drame s'exaspère jusqu'à ce qu'il se brise par la mort du héros ou l'extermination de son contradicteur.

Le drame et le roman se sont épuisés à décrire des accidents et des aventures qu'ils rendaient monstrueux, faute de relation avec les horizons de l'âme, et comme ils ne pouvaient arriver à la synthèse par la justice, ils se vengeaient, par l'infamie de l'analyse, des catastrophes de la vie.

Si les arrêts de développement dans les organismes produisent les monstres, les défauts de proportion et de perspective dans la conception de la vie expliquent dans l'art les œuvres malsaines.

L'art tend à réparer les injustices sociales en relevant un individu à son niveau moral, et en lui ouvrant par des actions imaginaires le champ plus libre qui lui est interdit. Cela explique pourquoi de grands artistes se trouvent d'ordinaire chez des peuples arrêtés brusquement et dans des hommes méconnus.

Dans le drame épuisé, le dernier mot de l'effort était plaisir ou succès : s'ils se dérobaient, désespoir ou mort. La justice était invoquée, mais comme un idéal indifférent ou ironique, car le drame n'existait le plus souvent que par les défaillances de la justice.

Dans l'esthétique nouvelle, la justice devient

la logique même de la vie. Et alors l'œuvre n'est plus un vain jeu de l'intelligence, mais une victoire de la raison par la démonstration de vérités éternelles méconnues dans la vie ordinaire.

Circonscrire l'homme dans un instant de crise, d'ivresse, de crime, n'insister que sur un paroxysme de passion, c'était l'art avili, la société dépravée, la nature méconnue, le spectateur oppressé.

Tandis que considérer un moment de l'existence, quelque terrible qu'il soit, en se mettant au point de vue de l'entière destinée, c'est rectifier une crise en l'expliquant. Ne rien dissimuler du malheur, mais le comprendre et le dramatiser comme résultante, épreuve ou expiation, c'est remettre l'individu dans les lois morales, la société dans sa raison d'être, se respecter soi-même et les autres par un art s'inspirant de la vie et l'inspirant à son tour.

On s'est tenu à des mots qu'on n'expliquait pas en posant au XVIIe siècle la loi des unités, et, dans ces derniers temps, le réalisme.

En effet l'unité dramatique repose dans l'âme individuelle, *substratum* irréductible et permanent, mais toujours divers, et susceptible, sans s'altérer ni se perdre, de s'engager avec tous les êtres dans une série d'actions et de réactions qui ont chacune leur histoire et leur drame; de sorte que l'unité est toujours gardée dans l'âme en même temps que varie la complexité des circonstances, des influences et des milieux, et que se multiplient les scènes et les péripéties.

Quant au réalisme, accepté dans toute sa rigueur, c'est le respect de la nature dans l'art, pourvu qu'il s'éclaire de ce qui l'a faite telle et qu'il s'illumine des virtualités de son devenir.

Les grands artistes sont des généreux qui font pour les autres des fêtes où ils ne seront pas, acceptant pour eux-mêmes des veilles inquiètes et des lendemains de dégoût.

Tant que l'art paraissait distinct de la réalité,

l'artiste, se trompant lui-même, la faisait meilleure pour les autres, et, après avoir tout donné à son œuvre, demeurait las et vide.

Maintenant que l'art est l'expression idéale de la vie, comme la vie est l'école de l'art, l'artiste, après avoir produit son œuvre, pensera qu'un bien lui reste qui n'a encore ni conception, ni expression, ni retentissement.

Un rien anéantit un chef-d'œuvre de l'esprit humain. Mais rien ne prévaut contre l'âme qui le créa et saura mieux le refaire.

Rien ne doit être plus surveillé que la sensibilité, disait un sage. Oui certes, c'est une occasion incessante de souffrir. Mais qui n'affronte pas ces épreuves de la vie ne connaît point ses puissances. « C'est le naufrage et la douleur qui tous les jours sauvent le monde et lui marquent sa route! — *Those who suffer bravely save mankind.* »

Pour que le génie se produise, le plus souvent il faut un hiatus, un gouffre entre l'homme et le bonheur, gouffre où l'on n'hésite point à se jeter. Pour se mêler d'art, on ne veut jamais trop, on n'aime jamais trop, on ne souffre jamais trop.

Les fruits du génie sont toujours frustes dans leur vigoureux relief. Le temps se chargera de les mettre au point des yeux moins exercés en apportant le glacis de la distance. Mais les œuvres nées du loisir, trop caressées, justement parce qu'elles n'ont ni angles ni aspérités, glissent sur l'esprit sans y entrer. J'ai besoin d'un cri, d'un appel, d'un sursaut et non d'une période arrondie en mots soigneusement choisis. Le grand artiste s'avisera-t-il d'estomper tout d'abord le trait caractéristique qui contient l'idée mère de son œuvre?

———

Aucun temps ne peut être plus que celui-ci propice à l'art.

Après les grands désastres des institutions politiques et religieuses, après les revers de la patrie, lorsque les espérances des réformes sociales sont ajournées, rendues si lentes par les transformations économiques du monde devenu solidaire, l'art ouvre aux activités, aux ferveurs sans emploi, les libertés et les développements d'un idéal sans limite.

Dans l'éclipse des individualités marquantes qui ne sont pas remplacées, il semble que ce soit l'ère des médiocrités. Alors les plus grands progrès se font par la force des choses.

La force des choses, c'est l'anonymat de ce qu'il y a de vertu dans une société.

Une société montre ses vices, cache ses vertus.
L'histoire, comme on nous la fait, n'est qu'une monstruosité à dégoûter de vivre. Elle serait inexplicable s'il n'y avait un dessous en contraste.

L'histoire est mensongère. Elle raconte comment les peuples périssent par leurs méfaits et par leur corruption. Elle ne sait pas voir comment ils subsistent par la vertu d'individus obscurs et disséminés.

A l'avenant les poètes ont mis sur la scène les faits saillants, meurtres, batailles, catastrophes, révolutions, réactions, où le crime est puni par le crime, où le vengeur tue comme l'assassin, où la moralité reste obscurcie par les moyens, où il y a plus de tapage que d'idées, plus de prétentions que de résultats, plus de vanités que de caractères.

Mais ce qui a fait avancer l'humanité est resté caché : le travail, la vertu, l'innocence, la bonté ignorés qui cependant faisaient leur œuvre efficace de paix et de régénération, protégés par leur obscurité même.

Les braves cœurs qui ne voient de la vie que le dévouement et le devoir, dont les vertus silencieuses se résument dans ce mot patience, c'est-à-dire énergie concentrée, les âmes sublimes qui s'ignorent parce qu'elles ne croient jamais faire assez, ces modestes héros, ces bienfaiteurs muets et sincères qui alimentent de joie, de santé, de bonheur les nids où ils se renferment : ceux-là n'ont pas d'histoire; pourquoi s'afficheraient-ils? Ils sont à l'œuvre, leur vie est trop courte.

Il en est de ces naïfs comme des plus belles plantes sauvages. On ne les découvre que dans les recoins solitaires. La bonté a besoin de mystère, l'amour ne demande rien.

Ce sont là les sujets qui attendent le poète :
Comment l'homme émerge du fond même de la nature,
Comment sa beauté morale se prépare.

N'est-ce pas le lieu de répéter ces paroles : Si Dieu m'octroyait un don, je voudrais voir le grain de sable se faire perle au fond des mers?

La fleur ne se prépare pas entre des murs méphitiques. C'est une fille du ciel qui a besoin d'être couvée sous la voûte du firmament. La plante est un composé d'air et de lumière.

Que faut-il donc pour produire un brave cœur, un esprit sublime, une âme exquise ?

Combien de bonnes intentions, d'élans généreux, de tâtonnements et d'insuccès ; combien d'ardeur et de sacrifices ; combien de rêves impossibles, d'épreuves de la vie et de retours de l'âme sur elle-même il faut pour qu'une pensée surgisse pure et radieuse !

Ces splendeurs sans témoins : la beauté qui s'ignore, la bonté qui se dérobe, la magnanimité qui se dévoue, — l'art en a l'intuition et les universalise.

Simplicité, douceur, pureté idéale, sérénité, sentiments trop méconnus, trop oubliés, trop peu exprimés de l'âme humaine, reviendront naturellement par l'impression de sécurité et de calme bonheur d'une vie qui ne connaîtra plus les pertes irréparables, les ruptures sans réconciliation, les douleurs sans réconfort.

Cette justice s'accomplira par une plus grande raison infusée dans l'art. L'harmonie c'est la paix.

Ainsi le cœur s'épanouira, et les muets, et les timides, et les silencieux auront leur jour.

Ce monde est encombré de prétendants à la renommée.

Pour peu qu'elle leur survive, l'implacable histoire les condamne par une enquête contradictoire et sévère. Procès toujours pendant, jugement jamais définitif sur une mémoire agitée.

Les vraies gloires, s'il en est de désirables, ne sont pas cherchées.

Heureux les obscurs! Leur œuvre faite, ils disparaissent en silence, emportant avec eux une mémoire inviolée.

III

VERS L'IDÉAL

LA PRIÈRE

Mais la science et l'art sont d'une élite. Pour penser, il faut du loisir; pour savoir, il faut le temps d'apprendre et de chercher. Pour l'art, il faut tout donner sans réserve, et le plus souvent on ne s'appartient pas ou on ne peut se rendre libre.

Et l'immense majorité reste en dehors, n'ayant d'élan vers l'idéal que la prière. Dieu lui résumait tout, et là justement s'ouvre le gouffre noir. La science, la libre pensée démolissent sans relâche le dieu personnel des religions. Une angoisse inexprimable s'empare de nos générations. L'humanité sera-t-elle donc privée du seul recours qui la soutînt dans ses douleurs et dans ses épreuves? La prière, est-ce une illusion d'âmes crédules qui ne peuvent s'élever à l'intelligence vraie des choses, hérédité d'habitudes dans des cerveaux qui naissent déformés par tant d'âges superstitieux et déistes?

Le Christ avait rapproché l'homme de Dieu par cette prière : Notre Père!... L'humanité tressaillit d'espérance, et pour cet allaitement de bonté et d'amour, elle se donna à une terrible nourrice, l'Église, qui toujours la voulut retenir dans les mêmes langes et ne la sevrer jamais.

Tant que l'univers était ignoré, on pouvait peupler les cieux d'un roi et d'une cour céleste. Une âme tendre et magnanime pouvait y adorer, non plus Jéhovah, l'implacable despote des Juifs, mais un père de miséricorde. Ces versions ne tiennent point devant la science, et la consolation s'écroule avec la conception chimérique qui la fit naître.

D'ailleurs le danger de cette doctrine était moins dans la communication directe de l'homme avec Dieu, en d'autres termes, de l'homme avec l'idéal, car la vérité s'y retrouve par figure : — ce fut d'impliquer des intermédiaires entre Dieu et l'immense pluralité des hommes, incapables de soutenir ce commerce direct avec l'absolu. Aussi, peu à peu, sauf pour quelques âmes extraordinaires, Dieu disparut-il, et il ne resta que ses porte-nom, ses prétendus délégués, les Pontifes, les sauveurs.

Ce que Dieu est, je ne puis le comprendre, et je me respecte assez pour ne pas usurper sur l'inconnu et profaner l'indicible par des paroles vaines. Mais j'affirme que ce que les hommes comprirent sous ce nom et adorèrent de bonté, de justice et de beauté, est plus que jamais manifeste et vivant, sans qu'il y ait besoin de doctrine et d'initiation religieuse pour le rendre présent et accessible.

Qu'importe qu'il me soit interdit de concevoir la bonté infinie, n'est-elle point de plus en plus perceptible à ma mesure, toujours croissante dans les bontés relatives qui me réconfortent chez les autres ?

La beauté parfaite, tout insoutenable qu'elle

me puisse être, ne rayonne-t-elle pas dans toutes les beautés diverses qui enchantent mon regard, et qui, de plus en plus se caractérisant à ma connaissance, me ravissent dans l'univers ?

La justice infaillible, si inconcevable qu'elle soit à mon intelligence, se manifeste pourtant successivement dans les élans vers le mieux qui entraînent les sociétés humaines, dans les efforts généreux des forts vers les faibles, dans les luttes de l'individu contre ses appétits et ses passions, pour qu'au lieu d'opprimer, ils servent.

Pourquoi donc, sans nommer le Dieu sans nom, sans figure, n'invoquerais-je pas la source inconnue, mais de plus en plus abondante, de tout ce qui arrive de bien, qu'il vienne à l'homme de sa liberté propre ou du concours de libertés concordantes et propices à cette liberté individuelle ?

Sans remonter à la cause première où l'intelligence actuelle se perd, tenons-nous-en aux manifestations que nous pouvons connaître. Or, tout indécises et tronquées qu'elles soient par les conditions de notre organisation imparfaite, par les éventualités d'une existence précaire, un axiome s'en dégage : l'homme en étant juste, en voyant pratiquer la justice, progresse. — L'homme en faisant le bien, en l'aidant chez les autres, progresse. — L'homme en contemplant le beau, en le faisant admirer à d'autres, progresse. C'est le témoignage universel des hommes, d'accord avec celui de la conscience individuelle.

Ce sont donc des lois propices à la bonté, à la justice, à la beauté qui mènent l'univers, puisque le concert des hommes s'accorde avec l'individu pour l'affirmer.

Donc la prière est juste et fondée, quand l'âme, se confiant à ces lois, invoque tout ce qui affirme le bon, le juste, le beau, et peut l'aider par l'exemple ou par un concours efficace quelconque à mieux pratiquer ces lois.

Donc en quelque nom que l'on prie, la prière est bonne quand l'âme aspirant vers les lois morales, propices à la bonté, à la justice, à la beauté, demande pour les autres ou pour soi de devenir meilleure, plus intelligente et plus forte. Cette prière est saine, elle est juste parce que pour aller à la rencontre de sa nature supérieure, l'âme sollicite tout ce qui peut l'aider à l'accomplir.

Ainsi l'élan vers l'idéal de l'âme solitaire est aussi justifié et légitime que la ferveur de la science et le ravissement de l'art.

———

Cette prière sera-t-elle exaucée ? Toujours dans l'essentiel, car il est conforme aux lois morales que l'âme devienne plus forte, plus juste, plus heureuse, et le meilleur état pour qu'elle le devienne, c'est l'élan du vouloir. Quand tout semble désespéré, rien ne rend l'âme courageuse et ne la rafraîchit autant que de prendre conseil d'elle-même et de se faire aider par toutes les solidarités qu'elle se connaît ou qu'elle ne se sait pas encore.

Mais quant aux voies et moyens, comme ils dépendent de circonstances que l'âme ne peut apprécier ni prévoir, comme ils sont la résultante de faits complexes et contingents à des lois naturelles et morales, et que leur cours ne peut être interverti, il arrive le plus souvent que la prière est exaucée quant à son but, tout en étant démentie selon les voies.

Ainsi la prière en dépassant son objet atteint plus qu'elle ne demande. En se recueillant l'âme se rassemble et s'exalte. En vue des difficultés à surmonter, du juste et du bien à accomplir, elle puise des forces en elle-même, comme l'athlète qui retient sa respiration et ramasse ses muscles avant de se lancer dans la lutte; et plus elle s'appuie sur une vérité de sa nature en concordance avec les autres natures, plus elle ira droit et loin, et plus l'événement justifiera ou, mieux, dépassera son désir.

Mais par là même, la prière égoïste, la prière indiscrète, la prière intéressée sont convaincues d'imposture et d'inutilité. Qu'elles s'appuient, celles-là, sur les pratiques de la superstition ou sur d'absurdes miracles, elles n'amènent que déception, abandon de soi-même et perversion du sens moral.

Les seuls exaucements possibles sont ceux que puise une âme libre et consciente dans sa concordance volontaire aux lois de l'univers.

IV

DIEU

La guerre aujourd'hui latente ou déclarée dans toute âme est pour ou contre Dieu, — entre ceux qui, appartenant plus ou moins aux anciennes religions, en restent à un Dieu personnel, et les révoltés contre les dogmes des religions révélées qui, entraînés par la polémique, nient tout instinct religieux dans l'homme et veulent supprimer Dieu.

En regard attendent les masses, courbées sur leur tâche pour le pain du jour, auxquelles Dieu reste l'idéal invétéré. Ceux qui nient n'en tiennent compte, ne se doutent point quelle lutte ils engagent, qu'ils extirpent de l'humanité l'idéal. Des réactions effroyables poursuivent les novateurs. La marche de l'esprit humain en est arrêtée, la raison méconnue, la libre pensée ajournée, l'idéal obscurci.

Dans l'angoisse de ces problèmes et de ces conflits, est-il vain de recourir à l'âme, et quand tout paraît sombrer, de reconnaître son indépendance, ses virtualités, ses ressources?

Car nous ne sommes ni avec les uns ni avec les autres.

De ceux qui définissent Dieu selon les anciennes religions, nous sommes les adversaires. Tout le travail de l'humanité qui pense, qui sait, les dément, substituant aux miracles des lois, des énergies responsables à l'arbitraire, au caprice. Nous ne nous réasservirons point à des conceptions mortes qui ne nous disent plus rien. Pour garder notre idéal qui partout excède l'humanité, nous n'avons besoin d'aucun Dieu à passions humaines.

Mais nous ne sommes point non plus avec les autres, car nous ne nions pas Dieu, bien que nous ne puissions le comprendre ni le définir. Et quand, pour mieux supprimer Dieu, ils vont jusqu'à supprimer l'âme, de peur qu'il ne reste quelque mystère, quelque hypothèse, quelque aspiration, quelque possibilité de retrouver Dieu, ils nous font horreur du monde que leur pédantisme et leur orgueil ont défait à leur aride image.

Si l'âme ne sait encore définir Dieu, et si elle applaudit à la critique qui déblaie les superstitions, elle s'incline à ce nom, vénéré des sages et des législateurs, rêvé par les poètes, médité par les penseurs, adoré par les enthousiastes, imploré par les malheureux. Elle ne se trouble pas sur son ignorance. Un jour, plus affermie, elle envisagera ce problème. Et pour qu'elle le puisse, elle ne veut rien sacrifier, non de ses erreurs passées ou actuelles, mais des intuitions de la vérité qui couvent sous ces erreurs.

Dans cette insatiable recherche, elle n'entend s'isoler pas plus de ceux qui aimèrent Dieu que de ceux qui aimèrent les hommes en dehors de Dieu. Elle a besoin de toutes ses forces, car il n'y a dans notre société que l'âme individuelle qui subsiste. C'est l'âme seule qui par les sciences saura reconnaître le plan de l'univers et remettre les choses à leur ordre et mesure. C'est l'âme seule qui pacifiera l'anarchie des esprits, les uns rangeant Dieu effrontément au service de leur égoïsme, les autres si légèrement se substituant à lui, pendant que les ambitieux et les hypocrites flottent entre les deux camps, prennent parti ou pour ou contre, au meilleur intérêt de leur fortune.

Ne parlons plus de Dieu pendant un temps, jusqu'à ce que soit purifié dans le silence ce nom profané par une superstition abjecte, avili par une hypocrisie scélérate. Qu'il nous anime, qu'il nous inspire, mais qu'il reste en nous, contenu avec respect et réserve! Ce n'est point lâche compromission avec ceux qui le nient, mais nécessité de pudeur outragée.

Dieu, source de tout idéal pour les simples, a été tellement profané par les habitudes idolâtriques et les hypocrisies hystériques, que la femme qu'on aime ne peut prononcer son nom sans donner la crainte du prêtre ou du jésuite.

L'agonie du christianisme a avili Dieu en le rendant suspect.

———

A dessein, le nom de Dieu n'avait pas été prononcé dans ce qui précède.

Pourtant ils diront, ceux qui m'auront lu, si mon inspiration constante n'a pas été de susciter cette divinité qui est dans l'homme et de rendre l'âme plus divine encore.

———

L'amour, cet énergique laboureur qui retourne à fond les natures, donne souvent le mot du problème.

Un jeune homme de notre génération écrivait à sa fiancée : Avec toi, je serai plus sûr de Dieu.

C'est l'angoisse du siècle dans une aspiration d'amour.

———

Notre société n'est plus sûre de Dieu.

Vainement les religions officielles restaurent des superstitions malsaines. Elles le profanent en rendant ce nom odieux.

Vainement la science l'écarte des problèmes, rejetant les instincts, les sentiments, les intuitions qui invinciblement l'y ramènent. Elle ne convainc pas parce qu'elle n'émeut point.

Dieu, la clef de voûte de toutes les doctrines, de toutes les institutions, de toutes les lois morales, est aujourd'hui un non-sens.

Et pourtant le monde ne se remettra en marche que lorsqu'il se sentira plus sûr de Dieu.

———

Le Dieu personnel obstruait l'univers, cachant l'homme et la nature aux âmes aimantes restées en dehors de la science, de l'art et de la vie.

Ce Dieu s'évanouit, et à mesure que l'univers

se découvre, Dieu ne se montre nulle part, et tout démontre qu'il n'intervient arbitrairement dans aucun phénomène pas plus en ce monde que dans les mondes. Serait-ce qu'il n'existe point ?

———

Si, quand elle vit, une particule d'éther, si infinitésimale soit-elle, a une âme plus ou moins consciente, il est rationnel que l'ensemble harmonique des forces de l'univers, le tout, l'infini, ait une âme, une conscience. Dieu est la conscience de l'infini.

Ainsi partant des prémisses de la science, la logique démontre comme un axiome l'existence de Dieu. Elle distingue nettement Dieu de tout autre être, car il est évident que l'être universel, infini, diffère de tout être partiel et limité, si considérable soit-il.

Cette définition nous suffit. Elle se prête à toutes les indépendances comme à tous les recours, l'infini étant aussi bien en dissemblances qu'en parités.

Si infime que soit la partie, elle est pourtant d'essence similaire au tout; il s'ensuit que tout ce qui en nous est bon provient de Dieu qui le sollicite à devenir meilleur. Mais si Dieu est amour, il est aussi raison et justice. Il ne peut favoriser l'un aux dépens des autres. Aussi n'intervient-il dans le monde que par des lois auxquelles sont soumis tous les organismes, et qui régissent les vies individuelles comme les sociétés. Lois immanentes de justice et de bonté, égales pour tous, que tous les progrès des individus comme des sociétés consistent à faire connaître et pratiquer.

Si Dieu n'est jamais connaissable dans son universalité, il est de plus en plus perceptible et adorable dans son essence qui anime diversement chaque être, à mesure que l'âme en concentrant plus de forces devient mieux consciente et plus capable d'aimer et de comprendre.

Comme un aimant qui attire l'âme toujours plus haut, toujours plus loin, Dieu se dérobe dans le mystère, toujours à découvrir, toujours à définir.

Soyez en sécurité, vous qui travaillez, vous qui aimez. Si Dieu peut être quelque part, c'est derrière les œuvres de vie qu'il se cache. C'est là que sans le profaner par une figuration indigne ou une conception avilissante, ses traces peuvent se reconnaître.

Substituer à une personnification indigne de la divinité les œuvres de vie qui la glorifient, tel fut en effet le travail de ce siècle. Dieu semble disparaître, mais la société ne fut jamais plus occupée de ce qui pouvait le justifier. Les courtes vues ne comprirent pas. Les théologiens crièrent à l'athéisme. Les matérialistes applaudirent. Mais les clairvoyants sentirent le vrai Dieu sans image, inséparable de l'univers sans limites, et la vraie religion commence hors des temps pour une vie illimitée et des sociétés sans fin.

Elles meurent toujours trop tard, les religions qui ont perdu leur foi généreuse, et ne se survivent que dans leur organisation politique, systèmes menteurs qui enténèbrent les faibles et les timides en substituant la hideuse superstition à la communion de l'idéal.

Qu'on ne dise pas que les vieux dogmes sont le dernier refuge de l'idéal. Combien seraient devenus vaillants, bienfaisants, qui se sont éteints dans le scepticisme et la mauvaise conscience parce qu'ils sont restés opprimés par les influences de famille et de société !

Si la société s'est arrêtée, livrée aux hypocrites, aux sceptiques, aux indifférents, si elle tourne dans ce dilemme sans issue : la religion portant défi à la raison et la science réfutant, tuant Dieu, — l'individu se dégage des décombres, des malentendus, des systèmes. Ni atterré, ni ébloui, ni épouvanté, ni diminué, il écarte ces débris qui l'oppressaient, qui lui cachaient l'univers. Pour retrouver Dieu, son âme lui reste entière. Il la sent irréductible, indestructible, et cette force d'impulsion lui suffit.

La grandeur de ce temps c'est qu'il puisse trouver Dieu dans la conscience, sans révélation, sans miracle, sans messie, sans prophètes.

Épilogue

Épilogue

N a dit : La vie est un enfant qu'il faut bercer jusqu'à ce qu'il s'endorme.

Dans ce court moment agité, j'ai essayé une variante aux vagissements de l'être humain. A ces mots qui retentissent dans toute vie : Ame, mystère, providence, prière, Dieu, j'ai cherché un sens rationnel.

Eh bien ! je le crains, mes explications sont puériles, mes hypothèses défectueuses. Mais, malgré les réfutations qui peuvent les confondre, mon désir subsiste, qu'aucune contradiction ne fait taire et qui s'exaspère même des erreurs et des déceptions de mon entendement. J'ai une maladie que cette vie a rendue incurable : Je veux revivre. Venez, docteurs, redressez-moi, mais faites-moi revivre. Ensuite nous trouverons mieux.

Nous n'avons pas trouvé la lumière, nous n'avons encore réponse à rien. — Soit. Mais l'âme est; elle entrevoit, elle verra; si elle imagine encore, un jour, elle saura. — Qu'importe que nous ne puissions dire! D'autres qui seront à un autre degré de connaissance, diront.

Ce point irréductible, que l'âme est une force, cet axiome irréfutable : « qui vit vivra », sera repris et couvé comme un trésor de vérités.

Mon obstacle, c'est la langue. Comme l'embryon, je nage dans une mer de rêves et de songes, sans pouvoir m'exprimer assez clairement.

Mais ils m'ont justifié, ces artistes dont les voix si bien concordantes à la mienne me répondent.

Ils me justifieront, ceux qui liront sous mes lignes et par leur tressaillement à un mot, à une idée, pressentiront ce que j'ai désiré de vérité.

Je me justifie moi-même, quand je retrouve agrandie la pensée qui s'ébaucha jadis incertaine, mais comme une semence enveloppée d'une vérité latente.

———

Je ne fais point le procès à cette société. Comme elle n'a point d'idéal, comme elle ne connaît point le bonheur qui est la vie de l'âme, elle s'ennuie et se déprave. Je n'ai point à l'accuser ni à la reprendre. Je ne me pose point en censeur ni en convertisseur. Ma recherche naquit d'une protestation personnelle contre ce vide et contre cet ennui. Je veux aimer, je veux vivre infiniment sans me renchaîner au passé, voilà tout.

Et quand le milieu où je vis dénie mes joies, mon idéal, mes œuvres, je veux les sentir par delà ; et tous les palliatifs d'intérêt, d'arrangements de fortune et de bien-être, dont on use autour de moi pour se distraire de l'âme, me semblent passe-temps de gens qui se trompent.

Certes, il est aussi facile que vain, à distance, dans la retraite, de s'en prendre aux vices et aux lacunes d'une société. Pas plus que pour les problèmes de la vie, un individu n'a de solution à apporter aux problèmes sociaux. Toute panacée est mensonge. Mais le possible que j'essaie, c'est de chercher un accroissement de vie par les seules énergies de l'âme individuelle.

Le remède n'est point de fuir ou d'écarter les difficultés qui gênent, mais de s'y intéresser assez pour les comprendre. Car le malheur est que les contemporains glissent où il faut appuyer. Le malheur est que l'abus des systèmes n'a laissé debout que des mots, et que l'on croit avoir tout gagné, les uns en rayant le mot religion, les autres en jouant avec lui. La sincérité avec soi-même fait justice de ces subterfuges.

Il n'y a pas de situation si dénuée, ni désespérée, où l'âme consciente ne puisse trouver un refuge de bonheur; point d'être si abandonné, si abject, si dépravé, qui ne soit susceptible d'amélioration et de progrès indéfini; point de société assez routinière, assez troublée, assez dévoyée, assez perdue, qui ne puisse se constituer par l'énergie des individus qui la composent.

Il ne faut à notre société que des hommes passionnés de sincérité, riches en sécurité et en espérance. Les misères morales y sont si grandes qu'ils seraient vite entourés d'avides.

Mais chacun a sa routine, son labeur, son office, ses nécessités urgentes, et il reste bien peu pour la pensée et la recherche individuelle. C'est un monde qui tourne à vide, poussé par des machines traditionnelles, impitoyables au recueillement et à l'indépendance, et, dans cet engrenage d'affaires et d'intérêts, bien peu se soucient de prendre conscience.

Dans ce marasme, je cherche, je me débats, je m'obstine à espérer; je ne demande à aucun sauveur, à aucun dieu de me garder du monde, de me guérir de mon âme. Je me retourne vers moi-même et je dis : Je suis, et je serai, et je durerai, car je sens en moi une force morale croissante qui le veut trop.

Eh bien! oui, défiant la mort, j'ai pulvérisé mon être, je l'ai atténué en une particule d'éther, sûr que là, éternel et libre, je saurai revivre.

Ce point initial acquis, ce refuge pour ma persistance assuré, le reste importe peu, cette vie est garante des développements qui suivront.

Pour sauver l'indestructibilité de mon être, je me fie pour sa persistance à l'infini en petitesse; pour respecter Dieu et n'en être pas accablé, je l'adore dans l'infini en grandeur.

O Éternité, toi seule peux me mettre à l'aise pour aimer assez, pour assouvir ma soif de connaître!

Ils n'ont pas connu l'amour, ils ne sont pas passionnés de science, ils ne sentent pas les joies

ÉPILOGUE

du travail, ceux qui glissent en cette vie sans vouloir la retenir infiniment pour s'absorber dans ce qu'ils font, dans ce qu'ils aiment.

Si chaque âme est une cohésion de forces, qu'est-ce donc qu'une réunion de ces forces associées et solidaires? O amour! amitiés! fraternités universelles, puissances des civilisations collectives, volontairement harmonisées!

Mais nous n'aborderons point ces horizons splendides. Nous sommes habitués à rester plus modestes.

Que des hommes de génie sèment les germes de sociétés futures et préparent les éducations des libres énergies, en s'inspirant des découvertes et des applications des sciences ; — pour nous, ramassés en nous-mêmes, nous attendons les conflits que rendent inévitables les injustices et les ignorances, tant antérieures que contemporaines, mais nous y défions déceptions et désastres.

Notre tâche n'est point de dire ce que l'humanité fera, mais de prendre confiance en nous-mêmes.

Heureux qui s'attache à comprendre ce qu'il peut de l'univers sans se préoccuper en rien de la mort!

Heureux qui en une seule vie peut en vivre plusieurs!

Heureux qui peut vivre toujours plus, et se développer sans temps d'arrêt, excès ou fatigue!

Mais si cette vie en nous était trop mal engagée pour que l'âme ne pût briser ses liens, comment renaître libres? O liberté, que tu nous viennes même par delà la mort!

Il est trop facile d'évoquer la jeune et puissante vie qui veut vivre.

Il est trop aisé de concevoir une suite aux affections commencées, à la connaissance ébauchée, au dévouement aux personnes et aux idées, lorsque ce fut la passion de cette vie.

Oh! ceux-là sont en sécurité qui ont donné leur âme. Elle saura bien, où qu'elle soit, retrouver le monde de son désir, sans lequel elle ne serait pas.

Mais la vie flétrie, perdue, souillée, qui la rendra belle, naïve et pure?

Qui songe aux désespérés, aux sceptiques, aux blasés qui se sont acharnés aux vanités, qui n'ont su retenir ni amour ni amitié, et dont l'âme, altérée et lassée tout à la fois, glisse sans vouloir regarder ni réfléchir!

Qui trouvera l'évocation à une nouvelle vie des âmes mortes, de celles qui meurent sans mourir!

A quoi serviraient de vaines récriminations? A les empirer.

Que pour changer le mal en bien, les ennemis en amis, nos paroles soient à ces vies manquées comme un accompagnement sympathique, une aide à franchir leurs obstacles, une incantation à renaître !

Que la joie de l'enfant qui s'éveille à la vie, que la paix du cœur, que l'atmosphère saine du travail en famille, que les beaux spectacles de la nature, que les fêtes ineffables de la fraternité humaine, que la certitude de se retrouver et de s'aimer toujours plus flottent comme un mirage, bercent comme une illusion, préparent comme un rêve, et réveillent comme la réalité tout homme qui n'a pas connu cette vie !

ÉPILOGUE

Ce livre, né dans l'angoisse des libertés confisquées par le despotisme, fut interrompu par la guerre, la guerre maudite que nous jugions impossible, tant elle révoltait notre respect de la vie individuelle, nos espoirs des solidarités humaines. Il se termine sous la menace de la guerre toujours imminente, sous l'impression d'horreur de voir encore tout s'obscurcir, la patrie en péril, la civilisation pour un temps ajournée.

Comment tous ceux qui travaillent, tous ceux qui aiment, tous ceux qui pensent, ne se soulèvent-ils pas contre cette menace impie de destruction, contre ce retour de barbarie dans un âge qui semblait inaugurer une ère de science, de paix, de lumière ?

Mais le monde est tellement solidaire que les scélérats n'expient leurs crimes qu'au détriment des innocents. L'expiation des grands crimes qui commencèrent ce siècle, en remplit la fin.

Le foyer de la famille, l'asile de l'étude, le lieu de réunion des amis, le voilà un bivouac de soldats qui pillent, brûlent, dispersent. Après la fureur, la désolation. Ce qui pendant tant d'années a fait notre simplicité, notre vie étroite, nos joies candides, nos délices naïves, a été souillé, détruit, reste ignoble.

Qu'ils expliquent et consolent ces ruines ceux qui se raillaient de l'âme et la trouvaient de trop dans le luxe des choses!

Qui pansera nos blessures, qui adoucira ces souvenirs, qui réveillera l'âme de sa stupeur? Les œuvres du passé sont impuissantes, car elles ne sont pas faites pour nos douleurs.

Que fera le christianisme auquel on fait appel?

N'a-t-il pas fait alliance avec tous les régimes ? N'est-ce pas en son nom que nous sommes conquis ? N'est-il pas pour le vainqueur comme pour le vaincu ? Le Dieu des armées ne s'annule-t-il pas en combattant dans les deux camps ? Qui accordera Jéhovah, le Dieu de la guerre, avec Jésus, le Dieu de la paix et de la miséricorde ? Comment, après une éducation chrétienne de deux mille ans, avons-nous vu toutes les horreurs antiques dépassées ?

On parle des ravages, des ruines de la guerre, qui comptera les pertes morales, tout ce que l'esprit aurait produit, s'il n'avait été violemment retourné vers la destruction et, troublé par la haine, par l'insécurité, par la douleur de perdre, ne pensait plus qu'aux œuvres de mort ?

Au lieu de la lumière à répandre, au lieu de la joie, de la consolation à multiplier pour tous, ce qui occupe les chercheurs, ce qui passionne les contemporains, c'est d'inventer le plus grand mal qu'on puisse faire aux hommes.

Ils oublient ce qui reste inviolé, la force qui réside dans l'humanité, le sens de l'immortalité qui, tout oblitéré qu'il paraisse, se réveille quand on lui fait appel.

Je l'évoque, dans des pensers nouveaux, fier, invincible, libre.

C'est ma revanche de cette vie.

Table

TABLE

Préface I

Introduction III

I. LE REFUGE EN SOI I
II. DU POINT D'APPUI DE L'INDIVIDU III
III. DU RÉCONFORT DANS LA NATURE 177
IV. CONSCIENCE DE LA VIE 197
    I. Par l'Amour 199
    II. Par les Solidarités 225
    III. La Vieillesse 233
    IV. L'Au-delà 241

V.	Expansion de l'Individu................	255
	I. Vers la Certitude. — La Science.....	257
	II. Vers l'Idéal. — L'Art...........	277
	III. Vers l'Idéal. — La Prière.......	303
	IV. Dieu.....................	310
Épilogue............................		321

Achevé d'imprimer

le premier février mil huit cent quatre-vingt-quinze

PAR

ALPHONSE LEMERRE

25, RUE DES GRANDS-AUGUSTINS, 25

A PARIS

BIBLIOTHÈQUE CONTEMPORAINE

VOLUMES IN-18 JÉSUS, IMPRIMÉS SUR PAPIER VÉLIN
Chaque volume : 3 fr. 50

DERNIÈRES PUBLICATIONS

JEAN AJALBERT	Le Cœur gros	1 vol.
BARBEY D'AUREVILLY	Littérature épistolaire	1 vol.
LÉON BARRACAND	Mariage mystique	1 vol.
R. DE BEAUMANOIR	Très Blonde	1 vol.
PAUL BONNETAIN	Dans la Brousse	1 vol.
PAUL BOURGET	Cosmopolis	1 vol.
J. DE LA BRETONNIÈRE	Zozo	2 vol.
PHILIPPE CHAPERON	Une Rédemption	1 vol.
ARMAND CHARPENTIER	Un Amour idyllique	1 vol.
ADOLPHE CHENEVIÈRE	Perle Fausse	1 vol.
LE P. LUIS COLOMA	Bagatelles (trad. C. Vergniol)	1 vol.
FRANÇOIS COPPÉE	Mon Franc parler	2 vol.
JANE DIEULAFOY	Frère Pélage	1 vol.
ALFRED DUMESNIL	Libre	1 vol.
PAUL FLAT	Deux Âmes souffrantes	1 vol.
ED. & J. DE GONCOURT	Sœur Philomène. (Ed. Guillaume)	1 vol.
ÉDOUARD GRENIER	Souvenirs littéraires	1 vol.
PAUL HERVIEU	Peints par eux-mêmes	1 vol.
ÉMILE HINZELIN	Le Huitième Péché	1 vol.
MICHEL JACQUEMIN	A la Frontière de l'Est	1 vol.
JANINE	... Mais il l'aima	1 vol.
AUGUSTE JOURDIER	Globe-Trotting	1 vol.
A. DE LAMARTINE	Philosophie et Littérature	1 vol.
DANIEL LESUEUR	Haine d'Amour	1 vol.
RENÉ MAIZEROY	Sur l'Amour et sur le Baiser	1 vol.
ANDRÉ MAUREL	Marsyas	1 vol.
Mme STANISLAS MEUNIER	L'Impossible Amitié	1 vol.
PIERRE DE NOLHAC	La Reine Marie-Antoinette	1 vol.
OSSIT	Ilse	1 vol.
ÉMILE PIERRET	En Avant !	1 vol.
FRANCIS POICTEVIN	Ombres	1 vol.
POUVILLON	Petites Âmes	1 vol.
MARCEL PRÉVOST	Les Demi-Vierges	1 vol.
RÉMY St-MAURICE	L'Inutile Péché	1 vol.
ROBERT SCHEFFER	L'Idylle d'un Prince	1 vol.
CARMEN SYLVA	La Servitude de Pélesch	1 vol.
DÉSIRÉ SZOMORY	Les Grands et les Petits Moineaux	1 vol.
PAUL TANY	Malgré la Mort	1 vol.
ANDRÉ THEURIET	Tentation	1 vol.
VIGNÉ D'OCTON	En Buissonnant	1 vol.
C. VERGNIOL	Puymirol	1 vol.
GASTON VOLNAY	Deux Femmes	1 vol.
***	Dilettantes	1 vol.

Paris. — Imp. A. Lemerre, 25, rue des Grands-Augustins. — 4.-2273

www.ingramcontent.com/pod-product-compliance
Lightning Source LLC
Chambersburg PA
CBHW070902170426
43202CB00012B/2157